ESPIRITISMO
COMECE POR AQUI

JAIME RIBEIRO
ESPIRITISMO
COMECE POR AQUI

ESPIRITISMO CRISTÃO
PARA INICIANTES

Ao Senhor Jesus, por ter prometido e enviado o Consolador para que ficasse para sempre conosco.

Graças ao grande amor do Senhor é que não somos consumidos, pois as suas misericórdias são inesgotáveis.

Jeremias 3:22

Quando, porém, vier o Consolador, que eu vos enviarei da parte do Pai, o Espírito de Verdade, que dele procede, esse dará testemunho de mim.

João 15:26

Assim serão confirmadas as palavras do Cristo, pois todas devem ter seu cumprimento, e muitas se cumprem nesta hora, porque os tempos preditos são chegados.

Allan Kardec

Sumário

Palavras do autor — 17

1 - O que é o Espiritismo — 24

2 - Os princípios básicos do Espiritismo — 29

3 - Religião, Ciência e Filosofia – isso é possível? — 36

4 - Um pouco de história: a jornada do Espiritismo — 43

5 - Sobre a imortalidade da alma — 52

6 - Espiritismo acredita em Deus e Jesus? — 58

7 - Da proibição de falar com os mortos — 66

8 - O que encontrarei no Centro Espírita — 75

9 - Obsessão e desobsessão — 82

10 - Médiuns e mediunidade	92
11 - O passe	104
12 - Laços familiares	107
13 - Reencarnação	111
14 - O verdadeiro Espírita	115
15 - Sobre caridade, empatia e não julgamento	124
16 - Espírito, Perispírito e Corpo físico	134
17 - As Revelações	138
18 - O Consolador Prometido	142
19 - Mistérios revelados pelo Espiritismo	145
Nomes que não saem da boca dos Espíritas	148
Demais nomes importantes para o Espiritismo	158
Palavras que não saem da boca dos Espíritas	178

Inscrevendo na face do Espiritismo a suprema lei do Cristo, 'Fora da Caridade não Há Salvação' nós abrimos o caminho do Espiritismo Cristão.¹

Allan Kardec

O Espiritismo Cristão não oferece ao homem tão somente o campo de pesquisa e consulta, no qual raros estudiosos conseguem caminhar dignamente, mas, muito mais que isso, revela a oficina de renovação, onde cada consciência de aprendiz deve procurar sua justa integração com a vida mais alta, pelo esforço interior, pela disciplina de si mesma, pelo autoaperfeiçoamento.²

Emmanuel

---

1 Revista Espírita 1866. Abril. O Espiritismo independente.
2 Os Mensageiros. Introdução.

Palavras do autor[3]

O objetivo deste livro não é substituir o estudo das obras básicas do Espiritismo, suas obras complementares ou cursos dedicados a iniciantes, promovidos pelos Centros Espíritas. Mas, se você está chegando a uma Instituição Espírita, ou foi impactado por algum conteúdo sobre a Doutrina e gostaria de saber um pouco, antes de dedicar mais tempo para se aprofundar em seus conhecimentos, talvez este livro possa ser útil.

Comecei a escrevê-lo em 2021, depois que observei funcionários ou voluntários em livrarias e bibliotecas encontrando dificuldade em responder uma pergunta que parece simples, mas que na verdade sempre foi difícil de responder. É comum que após saírem das palestras públicas nos Centros Espíritas, algumas pessoas se interessem em saber mais sobre o Espiritismo e peçam indicação de livros. Contudo, diante da vasta bibliografia espírita disponível, se indaga: "por onde eu começo?"

Observei que as respostas nunca obedeciam a um padrão. Até que certo dia, eu testemunhei uma senhora voluntária da livraria de um Centro Espírita em São Paulo colocar os cinco livros fundamentais de Allan Kardec, o codificador do Espiritismo, em cima do balcão, formando uma pilha que cobria o contato visual entre ela e o rapaz que lhe perguntara: "por onde eu começo?" Ela apontou para a pilha de livros toda orgulhosa e respondeu: "comece por aqui".

O jovem olhou para mim como se pedisse ajuda para uma tradução, ou em busca de algum tipo de apoio, mas desistiu em

---

[3] No final do livro estão listados os livros e links referentes aos assuntos que abordaremos, assim fica fácil consultar ou confirmar alguma informação.

alguns segundos, sem sequer esperar qualquer reação minha. Esticou o pescoço por cima da pilha e agradeceu a ela pela indicação. Virou as costas, dando de ombros e foi embora sem levar nenhum daqueles livros básicos que ela indicou.

Naquela noite, a caminho de casa, não conseguia parar de ouvir aquela frase se repetindo na minha cabeça: "comece por aqui". Refleti que, talvez, eu não soubesse exatamente qual livro indicar se estivesse no lugar da voluntária da biblioteca. Tenho quase certeza que indicaria *O Livro dos Espíritos* e *O Evangelho Segundo o Espiritismo*, mas ficaria hesitante se aquele tipo de leitura seria leve o suficiente para alguém que estivesse apenas tentando saber um pouco mais sobre a Doutrina, ou apenas procurasse ter uma ideia geral sobre o Espiritismo.

No outro dia, enquanto me dirigia ao trabalho, perguntei a mim mesmo se aquele rapaz retornaria ao Centro ou se encontraria a indicação de um bom livro para compreender o Espiritismo. Eu nunca saberia essa resposta, mas pensei que seria uma boa ideia ajudar tanto as pessoas que indicam livros espíritas a iniciantes, como aqueles que buscam saber por onde começar seus estudos.

Não escrevi um tratado profundo sobre os princípios básicos da Doutrina Espírita. Por essa razão, se você quer estudar o Espiritismo profundamente, estude *O Livro dos Espíritos*, de Allan Kardec. Nele, você encontrará os princípios básicos dos ensinamentos dos Espíritos, reunidos a partir de um critério universal, garantindo que as respostas não eram originadas a partir da opinião de um determinado Espírito ou influenciadas por médiuns e suas bolhas sociais.

Os Espíritos eram submetidos às mesmas questões em diferentes partes do mundo. Essas respostas eram comparadas e confrontadas. Só depois desse critério científico que Allan Kardec as incluía em suas obras com segurança e método. Essas respostas são o resultado de ensinamentos coletivos e concordantes dos Espíritos Superiores com o objetivo de lançar luzes às grandes questões da humanidade. Mas espero que, ao fazerem essa pergunta, as pessoas recebam a indicação deste livro acompanhado de um sorriso encorajador e a frase: "comece por aqui".

As Novas Gerações e a Espiritualidade

Quando o instituto americano *Pew Research Center* publicou uma das mais completas pesquisas sobre a religiosidade em diferentes gerações, realizada em 106 países, não fiquei surpreso em constatar uma queda significativa do engajamento religioso entre jovens quando comparada às gerações anteriores. No ano de 2022, um estudo semelhante realizado no Brasil revelou que 25% dos jovens se declararam sem religião.

Sinceramente, as pesquisas são importantes para que possamos enxergar o mundo para além das nossas bolhas sociais, sendo que os resultados obtidos são notoriamente percebidos em nossa convivência social com os jovens. A pergunta principal não seria se, mas por que isso estava acontecendo?

Embora a magnitude da diferença de idade varie entre os países, a média dos resultados nacionais nos países pesquisados oferece uma visão global clara: 51% dos adultos mais jovens consideram a religião muito importante, em comparação com 57% das pessoas com 40 anos ou mais – uma diferença de 6 pontos percentuais.

Diversas análises apontaram como causas o avanço da secularização, o acesso à informação diversificada, as mudanças nos valores sociais e a busca por espiritualidade fora das estruturas religiosas tradicionais como principais motivos desse fenômeno. Este contexto global é reflexo de uma complexa interação entre modernização, pluralismo cultural e questionamentos acerca da relevância das instituições religiosas tradicionais para as questões contemporâneas.

Na *Revista Espírita* de outubro de 1866, Allan Kardec, publicou uma mensagem intitulada *Instruções dos Espíritos sobre a regeneração da humanidade*, que indicava as características das novas gerações que surgiram na Terra:

A nova geração, que deve estabelecer a era de progresso moral, distingue-se por uma inteligência e uma razão geralmente precoces, aliadas ao sentimento inato do bem e das crenças espiritualistas, o que é sinal indubitável de certo grau de adiantamento anterior.

E completa: "Ela não será composta exclusivamente de Espíritos eminentemente superiores, mas daqueles que, já tendo progredido, estão predispostos a assimilar todas as ideias progressistas, e aptos a secundar o movimento regenerador".

Um olhar crítico desavisado pode, de alguma forma, considerar que essa previsão falhou. Mas, uma análise mais apurada compreende que a reconsideração sobre a forma como as pessoas se conectam com a religiosidade também é um indicador da evolução da humanidade. A ruptura com o modo e a razão pela qual nos conectamos com o Sagrado faz parte do próprio movimento de transformação e evolução humana.

Essa mudança fica evidente quando se analisa outra pesquisa feita em 2022 pelo *Springtide Research Institute*, situado em Minnesota, nos Estados Unidos, que tem como foco compreender melhor o comportamento de jovens. O estudo indicou que um em cada três adultos da Geração Z (nascidos de 1995 a 2010), com idades entre 18 e 25 anos, afirma acreditar em um poder superior, um número maior do que o da geração que antecedeu a eles, os chamados *Millennials*, (nascidos de 1981 a 1994), com idades entre 26 e 41 anos. A pesquisa também apontou que 77% das pessoas da Geração Z dizem ser espiritualizadas e 66% se dizem religiosas. Ainda assim, muitas delas rejeitam os rótulos religiosos tradicionais, respeitando todas as denominações religiosas, mas não necessariamente se filiando a alguma delas em particular.

Essa pesquisa contrasta com outras pesquisas, que apontam um declínio na religiosidade, incluindo uma queda acentuada na última década. Mas talvez eles tenham acertado ao adicionar uma pergunta que provoca um entendimento maior do que vem acontecendo com a religiosidade. Enquanto alguns institutos perguntavam se o entrevistado acreditava em Deus, os pesquisadores do *Springtide* perguntaram se os entrevistados acreditavam em um "poder superior", não importando que tipo de força seja essa e qual a religião ou crença que a cultua. Dessa forma, é possível capturar crentes de todas as convicções e espectros espirituais. Muitos jovens dizem que não acreditam necessariamente na ideia clássica de Deus, mas acreditam em algum tipo de inteligência ou poder superior. Ao ler os relatos desses jovens ao redor do mundo, não tem como não se lembrar da primeira questão de *O Livro dos Espíritos*, o primeiro livro da Codificação Espírita:

Que é Deus?

"Inteligência suprema do Universo. Causa primária de todas as coisas."

A forma como o Espiritismo apresenta Deus e a religiosidade, sem dogmas ou fantasias, desconstruindo o imaginário de um ser acima das nuvens governando o Universo e revelando um Deus que governa pela Lei do Amor, perfeita e justa, assim como Ele, está em sintonia com a crença inata que as novas gerações têm da Divindade. As gerações atuais demonstram um interesse maior em cuidar da natureza, encontrar um propósito para a vida e se engajar em causas sociais, o que está em sintonia com os princípios da Doutrina Espírita e com o que se imaginava que seriam seres humanos mais espiritualizados.

A essa altura, você deve estar pensando que eu vivo numa bolha ou sou otimista demais. Essas duas hipóteses podem ser verdadeiras, uma vez que as pessoas que escolheram viver atentas ao próprio progresso espiritual geralmente se cercam de pessoas com o mesmo interesse; e ter tido a oportunidade de presenciar fenômenos que comprovam que somos imortais nos proporciona otimismo e alegria. Isso não nos isenta de viver os desafios da vida, nem de ver que o mundo anda bem complicado.

Contudo, quando vejo que a onda de descrença e desconexão religiosa acontece, penso que é muito mais por causa dos modelos tradicionais que já não respondem ao anseio de uma nova geração que precisa de racionalidade na fé. Por essa razão, tenho motivos de sobra para acreditar que além de libertar a humanidade do materialismo, o Espiritismo é a crença que tem maior potencial de conexão com as novas gerações e o futuro da humanidade.

Veja o que já dizia Allan Kardec na *Revista Espírita* em outubro de 1863:

Pois em nosso século matemático, há
necessidade de termos consciência de tudo, de
tudo calcular, de tudo medir, para sabermos
onde pomos o pé. Quer-se a certeza, senão
material, ao menos moral, até na abstração.

E continua: "Não basta dizer que uma coisa é boa ou má, quer-se saber por que ela é boa ou má, e se há ou não razão para prescrevê-la ou proibi-la. Eis por que a fé cega não mais tem curso em nosso século raciocinador. Não pedem apenas para ter fé. Hoje desejam-na e sentem sede dela, pois ela é uma necessidade. Querem, porém, uma fé raciocinada".

Vou cometer a ousadia de substituir parte do texto, e escrever: "Pois em nosso século digital, há necessidade de termos consciência de tudo. Até a nossa relação com Deus, que é de puro amor e sintonia, é uma decisão de vida que transcende o abstrato."

Parece que o texto de Kardec foi escrito para a nossa geração, não para as pessoas do século XX. Por isso escrevi este livro que está em suas mãos. O Espiritismo é o elo de conexão com Deus que conversa com um mundo líquido e imprevisível aos olhos do ser humano, mas que na verdade é governado por uma força invisível, estável e poderosa que cuida de cada detalhe de sua obra.

Quando decidi escrever esse livro eu pensei em ajudar as pessoas que tiveram seus primeiros contatos com a Doutrina Espírita, mas ainda não tinham tempo ou disposição para mergulhar no estudo das *Obras Básicas* ou se matricular em um curso de Espiritismo para iniciantes.

Meu livro não tem por objetivo substituir os principais estudos que compõem as bases do Espiritismo, muito menos algumas obras já escritas com o objetivo de acolher as pessoas novas no conhecimento da Doutrina Espírita. Este livro que você tem em suas mãos tem por objetivo facilitar a apresentação do Espiritismo para as pessoas do nosso século. Ajudará também a compreender como a Doutrina Espírita traz de volta a mensagem de Jesus pura e simples, como foi pregada nos primeiros anos da Era Cristã.

Sejam bem-vindas, pessoas do século XXI.

Capítulo 1

O que é o Espiritismo

O Espiritismo, ou Doutrina Espírita, é uma ciência que trata da natureza, origem e destino dos Espíritos, bem como de sua relação com o Mundo Material.[4] Como escreveu Gabriel Delanne, um proeminente pesquisador, escritor e orador espírita francês do final do século XIX, no prefácio do livro *O Fenômeno Espírita*:

É uma ciência cujo fim é a demonstração experimental da existência da alma e sua imortalidade, por meio de comunicações com aqueles aos quais impropriamente têm sido chamados mortos.

Os Espíritos são as almas[5] daqueles que viveram na Terra e que, quando desprendidos do corpo físico, são assim chamados. Não são seres à parte na criação. Somos nós mesmos, criaturas humanas, sem o nosso corpo carnal. Portanto, existem espíritos sábios ou ignorantes, assim como acontece com os seres

---

[4] Existem relatos sobre comunicações entre Espíritos e humanos desde a mais remota época da humanidade. As pinturas rupestres revelam que essa crença é tão antiga quanto o homem.

[5] Alma é um termo popular para designar a parte imortal do ser humano ou seja, o espírito, encarnado ou desencarnado. No entanto, há aqueles que preferem distinguir alma para pessoas vivas e espírito para pessoas mortas. Questão de semântica e cultura inerentes ao grau evolutivo atual da humanidade. No decorrer deste livro serão utilizados os dois termos conforme o contexto.

humanos que podem ser gênios ou tolos, bons ou maldosos. Como explicou Allan Kardec na introdução do livro *O Evangelho Segundo o Espiritismo*: "o ser humano é uma alma encarnada".

Em geral, as pessoas não sabem muita coisa sobre o Espiritismo. Especialmente no Brasil, um país com grande diversidade religiosa, é difícil encontrar informações precisas sobre cada uma das crenças e religiões cultuadas pela população. Essa dificuldade nem sempre é superada e mesmo aqui no país, atual celeiro da Doutrina Espírita no mundo com cerca de 20 milhões de pessoas entre adeptos e simpatizantes, é fácil confundi-la com tantas outras crenças ou filosofias espiritualistas.

Se as pessoas, em especial as novas gerações, tivessem conhecimento sobre as explicações que a Doutrina Espírita apresenta para as grandes questões da vida com o objetivo de manter uma relação mais íntima com a própria espiritualidade, encontrariam respostas valiosas no Evangelho de Jesus e nas questões apresentadas em *O Livro dos Espíritos*.

Como Márcio encontrou o Espiritismo

Quando eu conheci Márcio no trabalho, e nossas conversas avançaram para além das questões corporativas, ele me contou como passou a vida buscando uma conexão de fé e filosofia de vida que atendesse ao mesmo tempo ao coração e à razão.

Ele era um jovem executivo que até quando falava parecia que estava sorrindo. Era o que se pode chamar de uma pessoa carismática. Ele tinha o hábito de avaliar a sua vida e contemplar, em suas próprias recordações, a trajetória que o levara até aquele ponto de sua jornada. Amava e admirava profundamente o Cristo e seus ensinamentos, de forma que orava todos os dias, antes das refeições, ao acordar e ao se deitar.

Criado em um lar católico e educado em uma rígida escola jesuíta, desde criança já se apresentava como uma pessoa questionadora e inquieta, buscando sentido em tudo que aprendia ou fazia. Era um garoto que ao levantar a mão para fazer uma pergunta na sala de aula, o professor já sabia que talvez não conseguisse responder.

Aquele hábito não deixava de ser um problema para quem frequentava, com relativa regularidade, eventos religiosos na igreja com a família e outros promovidos pela própria escola. Quando se matriculou no catecismo, logo se transformou no garoto problema da turma, por questionar em público os rituais e dogmas apresentados nas aulas dominicais.

As missas, com suas cerimônias repetitivas, não conseguiam tocar o núcleo de suas inquietações espirituais. Muito pelo contrário, ele se irritava constantemente com os rituais e modelos religiosos formatados. Gostava, no entanto, das músicas e do momento da homilia (sermão), dizendo que todo o resto da cerimônia era desnecessário para pregar a palavra de Jesus.

Quando cansou de tentar se encaixar em sua comunidade religiosa, decidiu se empenhar em conhecer outras religiões, já que sempre esteve aberto a encontrar alguma congregação que potencializasse o amor e gratidão que sentia por Deus e a admiração e respeito que sentia por Jesus.

Essa conexão poderosa nunca tinha acontecido. Então, de certa forma, ele se transformou em alguém que não acreditava em religião, mas não abria mão da sua religiosidade.

Durante o ensino médio, Márcio se relacionou com duas garotas evangélicas, o que lhe proporcionou uma oportunidade de conhecer novas visões de mundo sobre a religião. Sentia dificuldade em compreender por que a fé precisava se manifestar por meio de rígidas proibições e sacrifícios materiais e comportamentais. Ele dizia: "se Deus sabe de tudo não há necessidade que seus filhos provem seu amor a Ele por meio de sofrimento ou sacrifícios materiais. Não faz sentido, que um Deus todo poderoso possa se sentir louvado e homenageado se eu fizer alguns sacrifícios alimentares ou mude a minha forma de vestir para agradá-Lo."

Ao se tornar adulto, construiu família e se tornou um profissional bem-sucedido, alcançando a posição de alto executivo em uma empresa multinacional de alimentos. A sua felicidade conjugal, no entanto, não acompanhou o sucesso profissional. E sua ausência junto à família levou ao fim de seu casamento. De toda forma, sentia que nem o poder no trabalho e nem a vida em família eram capazes de preencher, sozinhas, o vazio espiritual que sentia em sua alma.

Ele queria se relacionar mais intimamente com Deus e aprofundar a sua fé. Mas o que fazer para encontrar as respostas espirituais que buscava? O que as religiões tradicionais ofereceram a ele, até então, não satisfizeram sua sede por uma conexão mais forte e racional com o Sagrado. Deus era um amor real dentro dele, mas as religiões não sustentavam ou auxiliavam na construção dessa relação mais íntima que desejava ter com Ele.

Foi então que reencontrou Graciara, uma jovem que estava estudando o Espiritismo há quase cinco anos. Ela, irmã de um amigo de colégio com quem ele mantinha contato por redes sociais, além de lhe proporcionar suporte emocional para lidar com um divórcio complicado e doloroso, o introduziu ao conhecimento da Doutrina Espírita.

Se Márcio tivesse sido completamente sincero desde o dia em que ela o convidou para acompanhá-la até um Centro Espírita, ele já teria dito que talvez não fosse a melhor companhia para ela. Ele se considerava racional demais para frequentar um lugar no qual as pessoas acreditavam que existem espíritos e que estes se comunicam conosco.

Embora inicialmente cético, um dia ele decidiu acompanhá-la, cedendo ao fato de que ela dissera que seria apenas uma palestra. Na verdade, não foi o charme que o venceu, foi o tédio. Como ele não tinha programação alguma para aquele sábado, aceitou o convite.

Que sorte que deram na escolha da data! O palestrante da noite era o Sr. Regis Lang, um conhecedor profundo da Doutrina Espírita. Quando ele fala com sua voz doce e bondosa, as palavras parecem não demorar no ar, sendo entregues diretamente ao coração, dando a impressão de que elas nem sequer passam pelo ouvido de quem o escuta.

Quando Márcio ouviu o palestrante ler um trecho de O Sermão do Monte: "Bem-aventurados os puros de coração, pois verão a Deus." (*Mateus* 5:8), seguido por uma explicação sobre o versículo, ele percebeu que naqueles quarenta minutos encontrou um universo de ideias que refletiam sua visão de mundo.

Em seguida ouviu a leitura de três questões de *O Livro dos Espíritos*, e se surpreendeu porque não apenas as respostas eram geniais, mas a forma como as perguntas foram elaboradas por Kardec, e fornecidas pelos espíritos em várias partes do planeta, despertou imediatamente um novo entendimento sobre a vida. Aquela era uma Doutrina que, com seus princípios básicos, acolhia os seus questionamentos, unindo fé e razão de uma forma que ele nunca havia experimentado, mantendo Jesus no centro de tudo e como referência.

Capítulo 2

Os princípios básicos do Espiritismo

A Doutrina Espírita tem alguns princípios básicos que são conhecidos como seus fundamentos:
- Deus existe e é único;
- A alma é imortal: sobrevivemos à morte do corpo físico;
- Vivemos várias vezes no Mundo Material: essa não é a nossa primeira nem última existência;
- Existem vários mundos habitados;
- Existem interações entre o Mundo dos Espíritos e o Mundo Material.

A Existência de Deus

Deus existe. É a inteligência suprema do Universo e a causa primeira de todas as coisas. É o Criador, causa de todas as coisas. Deus é único, eterno, imutável, imaterial, onipotente e soberanamente justo e bom.

Não existe no Espiritismo um Deus punitivo e vingativo que seja Pai apenas de um povo ou dos seguidores de uma religião específica. Só existe um Deus no Universo que vê a todos como Seus filhos. Assim como Jesus ensinou.

A Imortalidade da Alma

A alma não desaparece com a morte do corpo físico. Somos todos espíritos encarnados. Além do nosso mundo, chamado corporal, habitação dos espíritos encarnados, existe o Mundo Espiritual, habitado pelos espíritos desencarnados.

O espírito é o princípio inteligente do Universo, criado por Deus, simples e ignorante, para evoluir por meio dos seus próprios esforços, adquirindo sabedoria e bondade para que um dia seja um Espírito Puro.

Como espíritos já existíamos antes de nascermos no mundo corporal, e continuaremos a existir após a morte do corpo físico.

Os espíritos são, portanto, pessoas desencarnadas que estão na Espiritualidade.

Pluralidade das Existências

Criado simples e ignorante, o espírito tem livre-arbítrio e decide seu próprio destino. Ele tem autonomia para fazer escolhas e construir o seu caminho de evolução, decidindo, ao longo de sua vida, se pratica o bem ou o mal. Dessa maneira, ele aprende e evolui, tornando-se cada vez melhor. Para o seu aprendizado e evolução, o espírito precisa vivenciar experiências no mundo corporal. Por isso, ele precisa encarnar e reencarnar quantas vezes forem necessárias para adquirir mais conhecimentos e desenvolver suas potencialidades, por meio das múltiplas experiências de vida.

A reencarnação, portanto, permite ao espírito viver inúmeras existências no mundo, adquirindo novas experiências para se tornar melhor, não só intelectualmente, mas, sobretudo, moralmente, aproximando-se cada vez mais dos fundamentos estabelecidos pelas Leis de Deus.

É importante que cada um de nós possamos aproveitar a nossa existência na Terra, praticando o bem e adquirindo conhecimentos. Não podemos calcular quantas encarnações já tivemos e quantas ainda teremos pela frente.

Sabemos, no entanto, como espíritos em evolução constante, que reencarnaremos quantas vezes sejam necessárias, até alcançarmos o desenvolvimento moral e intelectual exigido para nos tornarmos Espíritos Puros.

Em razão da misericórdia e sabedoria divina não nos lembramos das nossas existências anteriores. Se lembrássemos do mal que praticamos ou dos sofrimentos pelos quais passamos, dos nossos inimigos ou daqueles a quem prejudicamos, seria muito complexo lidar com a nossa vida atual.

Pelas Leis Divinas, frequentemente, os inimigos do passado são atualmente trazidos ao nosso convívio próximo. Muitas vezes renascem como nossos próprios familiares, na condição de filhos, irmãos, pais ou amigos. Por meio desse recurso Deus proporciona a oportunidade de repararmos os erros do passado e nos reconciliarmos com nossos desafetos de outrora. Essa é uma das grandes finalidades da reencarnação.

Certamente, hoje estamos corrigindo erros praticados contra alguém, sofrendo as consequências de erros cometidos ou sendo amparados, auxiliados por aqueles que, no pretérito, nos prejudicaram. Daí a importância da família, onde se costumam reatar os laços cortados em existências anteriores.

A reencarnação, portanto, como mecanismo perfeito da Justiça Divina, explica-nos a razão de tanta desigualdade e do sofrimento de tantas criaturas humanas na Terra.

Pelos mecanismos das leis da reencarnação compreendemos que Deus não premia ou castiga seus filhos. Somos nós próprios os causadores de todos os nossos infortúnios e glórias.

Pluralidade dos Mundos Habitados

Todos nós sabemos que existem muitos planetas no Universo. Eles não existem apenas como objeto de admiração para nossos olhos, muito menos para que sua força gravitacional sirva de equilíbrio para o nosso planeta. Deus, em sua infinita sabedoria, nada fez sem um propósito ou utilidade maior, por isso, existe vida em outros planetas. Como escreveu Allan Kardec:

*Deus povoou de seres vivos os mundos,
concorrendo todos esses seres para o objetivo
final da Providência.*

Ele acrescenta que: "Acreditar que só os haja no planeta que habitamos fora duvidar da sabedoria de Deus, que não fez coisa alguma inútil. Certo, a esses mundos há de Ele ter dado uma destinação mais séria do que a de nos recrearem a vista. Aliás, nada há, nem na posição, nem no volume, nem na constituição física da Terra, que possa induzir à suposição de que ela goze do privilégio de ser habitada, com exclusão de tantos milhares de milhões de mundos semelhantes".

O Universo é infinito e "há muitas moradas na casa do meu Pai" (João 14:1-14). Como disse o nosso Mestre Jesus:

*Não se turbe o vosso coração. – Credes em
Deus, crede também em mim. Há muitas
moradas na casa de meu Pai; se assim não
fosse, já eu vo-lo teria dito, pois me vou para vos
preparar o lugar. – Depois que me tenha ido
e que vos houver preparado o lugar, voltarei e
vos retirarei para mim, a fim de que onde eu
estiver, também vós aí estejais.*

Existem mundos superiores e mundos inferiores à Terra. Nem todas as nossas encarnações serão necessariamente em um mesmo planeta. Quando evoluirmos, poderemos renascer em um planeta mais evoluído.

A Terra ainda é considerada um mundo de provas e expiações. Os espíritos que aqui habitam, que somos nós, são caracterizados pela predominância da matéria sobre o espírito, pela propensão para fazer o mal e pela incompreensão de Deus.

Alguns de nós não fazemos o bem nem o mal, mas o simples fato de não fazermos nada já denuncia a nossa inferioridade.

Contudo, segundo anunciado em toda parte pelos Espíritos Superiores, o nosso planeta está em processo de Transição Planetária e, em breve, nos tornaremos um Planeta de Regeneração, quando o bem paulatinamente superará o mal. O processo de evolução da Terra depende da transformação individual de seus habitantes, ou seja, quanto mais aperfeiçoados os seres que a habitam, mais perfeita será.

Comunicabilidade dos espíritos

Há relatos de comunicação entre os espíritos e os homens há milhares de anos, com várias passagens descritas na *Bíblia* que citam esse intercâmbio, inclusive. A crença popular já acreditava na possibilidade de contato entre os dois Planos.

Os espíritos que se comunicam com os homens são seres humanos desencarnados. Eles são exatamente o que eram quando vivos: bons ou maus, sérios ou brincalhões, trabalhadores ou preguiçosos, cultos ou medíocres, verdadeiros ou mentirosos.

Por essa razão, devemos ter cautela e critério quando consultamos a opinião de um espírito sem saber o seu grau de evolução, pois nem todos eles são sábios. Assim como homens sérios e bem-intencionados não se ocupam de bobagens e coisas inúteis, assim também procedem os espíritos desencarnados sérios.

Algumas pessoas acreditam que todo espírito desencarnado é capaz de nos dar bons conselhos e adivinhar o que é melhor para nossa vida. Esse é um dos maiores enganos de quem entra em contato com espíritos sem propósitos nobres. Pela própria lei da afinidade os bons espíritos se atraem por pessoas bem-intencionadas, enquanto aqueles mais imperfeitos se sentem atraídos por pessoas fúteis e cheias de vícios.

Não há lugar determinado para os espíritos. Eles se encontram por toda parte e nunca estão ociosos.

Apesar de não podermos vê-los, eles podem nos ver e algumas vezes saber o que estamos pensando. Exatamente através dos nossos pensamentos é que os espíritos agem sobre nós.

Pessoas que são capazes de servir de intermediárias entre o Mundo Espiritual e o Mundo Corporal são chamadas de médiuns. Todos nós somos médiuns em algum grau menor ou maior de mediunidade, afirma Kardec:

Todo aquele que sente, num grau qualquer, a influência dos espíritos é, por esse fato, médium. Essa faculdade é inerente ao homem; não constitui, portanto, um privilégio exclusivo. (...) Pode, pois, dizer-se que todos são, mais ou menos, médiuns.

Pelo médium, o espírito desencarnado pode comunicar-se conosco se assim o desejar e lhe for permitido. A comunicação pode ser de várias formas, dependendo do tipo de mediunidade. Essas são algumas delas:

Psicofonia: por meio da fala;
Psicografia: por meio da escrita;
Vidência: aparição para o médium;
Intuição e Inspiração: por pensamento.

É preciso ter muita cautela com as comunicações. Não devemos aceitá-las cegamente. Toda comunicação precisa ser analisada com critério, para não sermos vítimas de espíritos brincalhões ou enganadores.

É importante também ter muita cautela para não se tornar vítima de falsos médiuns, que tentam iludir o público menos avisado em troca de vantagens materiais. Por isso, antes de entrar em contato com os fenômenos mediúnicos, é atitude de bom senso que a pessoa entenda o que é o Espiritismo e quais os seus fundamentos.

Uma forma infalível de identificar se uma comunicação deve ou não ser encarada com seriedade está no *Novo Testamento*:

Caríssimos, não acrediteis em todos os espíritos, mas provai se os espíritos são de Deus, porque são muitos os falsos profetas, que se levantaram no mundo. (1 João 1:4-6)

Capítulo 3

Religião, Ciência e Filosofia – isso é possível?

Márcio, aquele meu colega de trabalho, contou-me que conversava com Cristina, uma jovem engenheira química, que por muito pouco não se tornou estudante de química pura. Ele, agora estudante das obras de Kardec, explicou que o Espiritismo também era considerado uma ciência, e logo ela questionou: "minha mãe Cleonice sempre me falou sobre o Espiritismo como uma religião, como é que agora vocês estão falando que se trata de uma ciência?"

Se você também já leu em algum lugar que a Doutrina Espírita é uma religião, essa definição também não está errada, pois o Espiritismo é, ao mesmo tempo, uma ciência de observação e uma doutrina filosófica com consequências morais. Por isso, ele possui um tríplice aspecto que é **ciência, filosofia e religião**.

O Espiritismo é Ciência

Porque usa uma metodologia científica para estudar e observar os fenômenos de comunicação dos espíritos com os homens. Esse processo não tem nada de sobrenatural ou aleatório.

Assim como todos os outros fenômenos que existem no Universo, a relação entre os espíritos e os homens aqui no Plano Material também obedece às leis da natureza.

Para se entender como o Espiritismo é ciência se faz necessário não pensar na classificação científica materialista da atualidade.

O Espiritismo é uma Ciência Filosófica

Na época que o Espiritismo surgiu as ciências eram divididas basicamente em três grupos: ciências exatas, ciências físicas e naturais e ciências morais. Essa última era assim chamada por ser diferente das duas primeiras, que se ocupavam do estudo do mundo físico, enquanto as ciências morais estudavam os fatos da natureza humana.

O Espiritismo não é uma ciência semelhante às ciências exatas, mas utilizou pesquisas experimentais para analisar os fenômenos. Dessa maneira, descobriu-se que tais fenômenos eram provocados por inteligências que habitavam o Mundo Espiritual. Não foi Kardec que, vendo as manifestações espíritas, atribuiu-as a espíritos desencarnados, foram os próprios espíritos que se identificaram assim para ele durante suas pesquisas.

Assim, o Espiritismo é Filosofia, porque se ocupa em compreender e responder grandes questões humanas como a existência de Deus, a origem e destino do homem e as causas dos sofrimentos do mundo.

Ao longo da história, a busca por essas respostas tem sido uma constante na humanidade, com filósofos como Platão e Sócrates sendo precursores do pensamento revelado pelos espíritos. Platão, em suas obras, discutia a imortalidade da alma e a existência de um mundo superior de ideias, temas profundamente alinhados com os princípios espíritas.

Sócrates, por sua vez, com seu método de questionamento e busca pela verdade interior, estabeleceu uma base para o autoconhecimento e a reflexão profunda sobre a condição humana. O Espiritismo, ao unir esses conceitos filosóficos com a revelação dos espíritos, oferece uma visão abrangente e racional sobre a vida e o Universo, propondo que o homem é um ser eterno, em constante evolução, e que o sofrimento é um meio de aprendizado e progresso.

Assim, a Filosofia Espírita não apenas responde às grandes questões da existência, mas também proporciona um caminho para o desenvolvimento moral e espiritual do indivíduo, promovendo uma compreensão mais profunda de si mesmo e do mundo ao seu redor.

O Espiritismo é Religião

Porque o seu objetivo é orientar o homem em seu processo de transformação moral, praticando os ensinamentos de Jesus em sua vida cotidiana. Tal como Jesus veio cumprir e aprimorar a lei mosaica, o Espiritismo surge para resgatar o Cristianismo em sua essência mais pura, despojado de dogmas e rituais. O principal lema do Espiritismo, "fora da caridade não há salvação", resume a importância da prática do amor e da solidariedade como único caminho para a evolução espiritual.

O Espiritismo, como religião, embora desprovido de formalidades tradicionais, é profundamente enraizado na crença em Deus e na aplicação dos ensinamentos de Jesus Cristo. Ele enfatiza a reforma íntima e a vivência do bem em todas as suas formas, guiando os indivíduos a uma conduta ética e compassiva.

Ao promover a caridade como princípio fundamental, o Espiritismo reafirma a mensagem de Jesus sobre o amor ao próximo e a importância de servir ao outro como forma de servir a Deus. Assim, o Espiritismo se posiciona não apenas como uma filosofia de vida, mas como uma religião que busca reconectar os homens com os princípios cristãos autênticos, oferecendo uma rota clara para a regeneração moral e espiritual.

Essa abordagem renovadora do Cristianismo procura eliminar as distorções acumuladas ao longo dos séculos, restaurando a pureza das lições de Jesus e incentivando uma prática religiosa baseada na fé raciocinada e na caridade ativa.

Espíritas e Espiritualistas

As pessoas adeptas ao Espiritismo são conhecidas como Espíritas. Antigamente, algumas pessoas usavam o termo Espiritistas, mas essa palavra caiu em desuso na segunda metade do século passado. Talvez, ao ler algum livro mais antigo, você encontre essa palavra.

Os Espíritas se reúnem em instituições chamadas Centros Espíritas, onde estudam o Evangelho de Jesus, diversos assuntos à luz da Doutrina Espírita e prestam tarefas de atendimento assistencial. Se eu pudesse resumir três coisas que você encontrará em um Centro eu diria: Jesus, estudo e caridade.

Algumas pessoas confundem o conceito de Espiritismo com Espiritualismo. Por isso, se faz necessário explicar essa importante diferença: todo Espírita é Espiritualista, mas nem todo Espiritualista é Espírita.

O Espiritualismo significa o contrário do Materialismo, que é uma doutrina que só admite a existência da matéria. Diferente do materialista, o espiritualista crê na existência de Deus e da alma.

O Espiritismo é uma doutrina espiritualista que tem por princípio as relações do Mundo Material com os espíritos, ou seres do Mundo Invisível, e as consequências morais advindas dessas relações.

As palavras Espiritismo e Espírita foram criadas por Allan Kardec, o educador francês que foi responsável pela organização das obras básicas[6] da Doutrina Espírita. Ele quis usar palavras novas para explicar e expressar ideias novas, conforme podemos ler por suas próprias palavras:

Para as coisas novas necessitamos de palavras novas, pois assim o exige a clareza de linguagem, para evitarmos a confusão inerente aos múltiplos sentidos dos próprios vocábulos.

Esclarece ainda o Codificador: "As palavras espiritual, espiritualista e espiritualismo têm uma significação bem definida; dar-lhes outra, para aplicá-las à Doutrina dos Espíritos, seria multiplicar as causas já tão numerosas de anfibologia.[7] Com efeito, o espiritualismo é o oposto do materialismo; quem quer que acredite haver em si mesmo alguma coisa além da matéria é espiritualista; mas não se segue daí que creia na existência dos espíritos ou em suas comunicações com o mundo visível.

Em lugar das palavras espiritual e espiritualismo empregaremos, para designar esta última crença, as palavras Espírita e Espiritismo, nas quais a forma lembra a origem e o sentido radical e que por isso mesmo tem a vantagem de ser perfeitamente inteligíveis, deixando para espiritualismo a sua significação própria".

Dessa forma, o fato de um indivíduo acreditar na existência dos espíritos e na possibilidade da comunicação entre eles e nós, que nos encontramos no Plano Material da vida, não o transforma em Espírita.

---

6 As obras básicas são o conjunto dos cinco principais livros escritos por Allan Kardec na França no século XIX. São compostas por cinco livros, que foram escritos e publicados em um intervalo de onze anos, entre 1857 e 1868.

7 Anfibologia é dispor as palavras de modo a lhes dar mais de um sentido, o que pode causar mais confusão do que clareza sobre uma determinada ideia ou conceito.

O verdadeiro Espírita não é reconhecido pela demonstração de sua familiaridade com os assuntos referentes ao Mundo Espiritual, nem pela demonstração de contato com espíritos e até mesmo pelo seu conhecimento dos livros espíritas. Segundo Allan Kardec *reconhece-se o verdadeiro Espírita pela sua transformação moral, e pelos esforços que faz para domar suas más inclinações,* ou seja, é a pessoa que após compreender os princípios básicos do Espiritismo inicia o processo de reforma íntima, buscando constantemente ser uma pessoa melhor. O verdadeiro Espírita esforça-se em ser verdadeiro cristão.

A compreensão da existência de um mundo invisível alarga a compreensão sobre a existência, fazendo com que a importância da vida material diminua ao passo em que a espiritualidade é desenvolvida por meio da vontade sincera em dominar o egoísmo e o orgulho dentro do coração humano.

O entendimento a respeito de quem são os verdadeiros Espíritas nos conduzem à interpretação sobre o objetivo do Espiritismo. Segundo Kardec, a crença no Espiritismo só é proveitosa para aquele de quem se pode dizer: hoje ele está melhor do que ontem. O objetivo essencial da Doutrina Espírita é o melhoramento dos homens. É promover a mudança do indivíduo para construir um mundo melhor.

Quantos tipos de Espiritismo existem?

No dia de minha apresentação em um novo trabalho como gerente regional de vendas de uma empresa francesa, eu escrevi no quadro que era Espírita e uma das gerentes da minha equipe perguntou: "de qual Espiritismo você faz parte?" E você imagina o que aconteceu depois. Eu usei quinze minutos do tempo de apresentação sobre minha metodologia de trabalho como líder para explicar o que era a Doutrina Espírita.

Curioso é que alguns anos depois eu encontrei essa minha colega no Congresso Espírita de Uberlândia – CEU, promovido pelos meus amigos, fundadores da Web Rádio Fraternidade, Rubens e Divina – e ela me lembrou daquele dia. Sorrindo, me abraçou e agradeceu a forma tranquila e divertida que eu usei para explicar que só existia um Espiritismo.

Por falar em imprensa, é muito comum os veículos mais populares difundirem informações equivocadas sobre o Espiritismo e até sobre médiuns. Na verdade, por pouco saberem sobre a Doutrina Espírita, frequentemente eles a confundem com outras doutrinas espiritualistas que existem no mundo.

Por essa razão, não raramente se encontram pessoas se referindo ao Espiritismo como *Mesa Branca*, *Kardecismo* ou até mesmo confundindo-o com crenças e seitas espiritualistas de matrizes africanas. Entretanto, nenhuma dessas terminologias usadas popularmente é necessária para explicar o Espiritismo.

Aqueles que utilizam esses termos para se referir à Doutrina Espírita desconhecem a sua origem, tratando-a como se houvesse diferentes tipos de Espiritismo, quando na verdade essa variação é desprovida de qualquer sentido, seja histórico ou conceitual. Só existe um Espiritismo, que foi criado na França pelo pedagogo francês Hippolyte Léon Denizard Rivail, conhecido pelo pseudônimo Allan Kardec.

Sem dogmas, rituais, símbolos sagrados ou qualquer tipo de práticas exteriores, a Doutrina Espírita resgata o Cristianismo puro, praticado pelos primeiros cristãos da História e tem como principal lema *Fora da Caridade Não há Salvação*.

Capítulo 4

Um pouco de história: a jornada do Espiritismo

Muitas vezes, paramos pouco para refletir sobre a natureza e a ordem das coisas no mundo em que vivemos. O fato de não observarmos ou compreendermos alguns fenômenos naturais não significa que eles tenham sido inventados ou começaram a ocorrer apenas quando tomamos consciência de sua existência.

A gravidade já exercia sua força sobre nós, antes de Newton descobrir que ela afeta toda a matéria e de se compreender que se trata de uma relação entre massa e distância, inclusive. Os microorganismos não surgiram apenas após as descobertas de Louis Pasteur e Joseph Lister.

Igualmente, o Mundo Espiritual e os espíritos não passaram a existir e a influenciar o mundo corpóreo somente quando decidimos estudá-los sistematicamente. Muito pelo contrário, a influência dos espíritos sempre esteve presente em toda parte.

Falar sobre a história do Espiritismo é relembrar a história da Humanidade, pois sempre houve fenômenos espirituais.

Há registros de fenômenos mediúnicos desde tempos imemoriais. No entanto, definiu-se como marco inicial do Espiritismo a data de 18 de abril de 1857, quando ocorreu a publicação da primeira edição de *O Livro dos Espíritos*. Além disso, diversos eventos importantes antecederam a Codificação Espírita.

As irmãs Fox e
o moderno espiritualismo

O fato que será relatado a seguir é bastante conhecido, não só entre os Espíritas, mas entre os estudiosos de outras vertentes do Espiritualismo. Tomamos a liberdade de reproduzir alguns trechos de material produzido pela Federação Espírita Brasileira para estudos sobre este tema:

Em dezembro de 1847, John e Margaret Fox mudaram-se com suas duas filhas, Margaret, de 10 anos, e Kate, de 7 anos, para uma modesta casa no vilarejo rural de Hydesville, no estado de Nova Iorque.

Conta-se que a casa já tinha fama de mal-assombrada e no mês de março de 1848, ruídos noturnos estranhos como pancadas nas portas e nas paredes começaram a irromper na casa. Eram golpes fortes no teto, pancadas sonoras nas portas e paredes (violentas o suficiente para chacoalhar cabeceiras de camas e mesas) e sons de móveis se arrastando.

Na noite de 31 de março de 1848, desencadeou-se uma série de sons muito fortes e continuados. Aí, então, deu-se o primeiro lance do fantástico episódio que ficou como um marco inamovível na história da fenomenologia paranormal. A garota de 7 anos de idade – Kate Fox – em sua espontaneidade de criança teve a audácia de desafiar a "força invisível" a repetir, com os golpes, as palmas que ela batia com as mãos! A resposta foi imediata: a cada estalo um golpe era ouvido logo a seguir! Ali estava a prova de que a causa dos sons seria uma inteligência incorpórea.

Imediatamente, ouviam-se, em resposta, a quantidade de batidas correspondente ao número de palmas de Kate. A mãe, Margaret, começa então a fazer perguntas à entidade, que lhe responde sim ou não, utilizando também um número de batidas combinadas entre eles.

Logo a vizinhança também estava na casinha a fazer perguntas, prontamente respondidas pelo espírito que, mais tarde, revela-se como Charles Rosna, um mascate que havia sido assassinado por antigos inquilinos da casa e enterrado no porão. As manifestações se repetiram noites a fio e comissões de investigação foram constituídas, primeiramente compostas pelos moradores locais e, posteriormente, formadas por homens notáveis da comunidade.

Escavações foram feitas, mas somente em 1904 foi descoberto o esqueleto de um homem cujo espírito se supunha ter ocasionado os fenômenos na casa da família Fox em 1848. Meninos de uma escola achavam-se brincando na adega da casa onde moraram os Fox. A casa tinha fama de ser mal-assombrada. Em meio aos escombros de uma parede – talvez falsa – que existira na adega, os garotos encontraram as peças de um esqueleto humano. Junto ao esqueleto, foi achada uma lata de uma espécie costumeira usada por mascates.

Como se pode ver cinquenta e seis anos depois, parece não haver dúvida de que foram confirmadas as informações obtidas em 1848 a respeito do crime ocorrido naquela casa.

As mesas girantes

As "mesas girantes" emergiram como uma curiosidade cultural nos salões da América, descritas pelos espíritos como uma forma de comunicação. Participantes se reuniam ao redor de uma mesa, colocavam as mãos sobre ela, e a mesa, levantando um dos pés, batia no chão ao ritmo do alfabeto recitado, marcando as letras para formar mensagens dos espíritos, conforme descrito por Zeus Wantuil em *As Mesas Girantes e o Espiritismo*. O fenômeno, que incluía movimentos em várias direções e até levitações, rapidamente se espalhou pelos Estados Unidos, ganhando adeptos entre médiuns que também praticavam a psicografia e a transmissão de mensagens psicofônicas.

Em 1852, médiuns norte-americanos levaram essas manifestações para a Escócia, e não demorou para que a prática ganhasse popularidade também em toda a Inglaterra e, posteriormente, na Alemanha e França.

Professor Rivail e as Mesas Girantes

Na Europa, o entretenimento proporcionado pelas mesas girantes se tornou uma febre nos círculos culturais, atraindo a atenção de poetas, intelectuais e aristocratas. Notícias e caricaturas frequentemente adornavam as páginas dos jornais locais, tratando o fenômeno com um misto de fascínio e ceticismo. Era em um desses salões parisienses que o poeta Victor Hugo e outros nomes notáveis se reuniam.

Hippolyte Léon Denizard Rivail, nascido em Lyon, França, no dia 3 de outubro de 1804 era educador, escritor e tradutor respeitado e homem de ciência, que desde jovem, mostrou-se um estudioso ávido, dedicando-se especialmente às ciências e à filosofia. Sua formação foi marcante, tendo estudado na renomada Escola de Pestalozzi, na Suíça, onde adquiriu uma visão revolucionária de educação, que mais tarde influenciaria seu trabalho como educador e escritor. Sua vida tomou um novo rumo em 1854, quando ele se deparou com os fenômenos das "mesas girantes", que se moviam e respondiam perguntas por meio de pancadas, alegadamente sob a influência de espíritos.

Inicialmente cético, seu interesse científico o levou a investigar esses fenômenos de maneira rigorosa e sistemática, após seu encontro com o Sr. Fortier, que descreveu as manifestações com grande entusiasmo. Rivail foi desafiado por Fortier: as mesas não só se moviam, mas "falavam". Ele, mantendo seu ceticismo, exigia provas de que uma mesa poderia ter capacidades cognitivas antes de aceitar tais afirmações.

Em 1855, o ceticismo de Rivail deu lugar ao interesse para compreender o fenômeno, após presenciá-lo numa sessão na casa da Sra. Plainemaison, para o qual havia sido convidado. Ele viu não só as mesas girarem, mas também assistiu a uma sessão de escrita mediúnica.

Convencido de que havia algo mais profundo nos fenômenos, ele decidiu investigar a fundo e utilizou seu conhecimento científico para investigar tais manifestações dos espíritos. Em uma dessas sessões mediúnicas de estudos, os espíritos lhe informaram que ele havia vivido uma encarnação anterior como um druida chamado Allan Kardec. Rivail adotou esse pseudônimo ao começar a escrever sobre os fenômenos espíritas, usando-o para diferenciar suas novas obras das anteriores, que eram focadas em educação e pedagogia.

O crescimento do Espiritismo, liderado por Allan Kardec, reflete um período de intensa curiosidade intelectual e um renascimento do pensamento espiritual na Europa do século XIX. Após suas primeiras experiências com as mesas girantes, Kardec se convenceu de que estava diante de uma nova ciência filosófica e passou a dedicar-se à compilação e sistematização dos ensinamentos dos espíritos que chegavam por intermédio de vários médiuns em diversas partes do mundo.

Através de meticulosa observação e análise, Kardec desenvolveu uma metodologia para estudar as mensagens mediúnicas, estabelecendo critérios rigorosos para sua avaliação. Ele comparava respostas recebidas de diferentes espíritos a perguntas idênticas, buscando consistência e coesão. Esse rigor científico era fundamental para Kardec, que via no Espiritismo não apenas uma crença religiosa, mas uma ciência de observação das relações entre o Mundo Material e o Espiritual.

As obras de Allan Kardec são o fundamento da Doutrina Espírita. Quem deseja conhecê-la profunda e seriamente deve se dedicar ao estudo dos seus livros, de preferência na ordem em que surgiram. Há quem prefira ir de *O Livro dos Espíritos* direto para *O Evangelho Segundo o Espiritismo ou* deste para o primeiro e só depois ler os outros. Nada contra. Só não recomendo como primeira leitura *O Livro dos Médiuns* porque é preciso entender o conteúdo de *O Livro dos Espíritos* para compreender as questões voltadas para a mediunidade.

Esta é a sequência das obras:
1. O Livro dos Espíritos (1857)
2. O Livro dos Médiuns (1861)
3. O Evangelho Segundo o Espiritismo (1864)
4. O Céu e o Inferno (1865)
5. A Gênese, os Milagres e as Predições (1868)

Além desses livros, considerados os principais para o Espiritismo há mais três fontes valiosas de conhecimento sobre as obras de Kardec:

O que é o Espiritismo (1859) – livro que resume os princípios fundamentais da Doutrina e traz argumentos que lançam luzes sobre as dúvidas e objeções daqueles que não creem ou não querem crer nesses princípios. Traz ainda uma biografia detalhada de Kardec que é também um registro histórico dos fatos que deram origem à Codificação.

Revista Espírita (1858 a 1869) com artigos seus e de colaboradores sobre fatos, estudos, pesquisas. Fosse hoje corresponderia a um site ou a uma plataforma de estudos.

Obras Póstumas (1890) – livro que reúne seus escritos e estudos inéditos com anotações sobre os bastidores da criação da Doutrina e que auxiliam a sua compreensão. Foram publicados pelos amigos do Codificador, após o seu desencarne.

Allan Kardec dedicou o resto de sua vida ao Espiritismo, trabalhando incansavelmente na Codificação da Doutrina, na organização de sociedades espíritas e na publicação da *Revista Espírita*. Seu trabalho não se limitou a criar uma nova abordagem filosófica com impacto religioso; sob a orientação do seu guia espiritual, o Espírito de Verdade, ele proporcionou ao mundo uma visão racional e consoladora sobre a vida, a morte e o Universo.

Esses ensinamentos lhe foram transmitidos pelos Espíritos Superiores que, se manifestando em todas as partes do mundo, respondiam às perguntas que ele organizou de forma didática e metódica, para que a humanidade recebesse os ensinamentos que formaram os princípios básicos da Doutrina Espírita.

Kardec desencarnou em Paris, no dia 31 de março de 1869, mas seu legado permanece vivo, levando a mensagem do Consolador Prometido por Jesus para milhões de pessoas no mundo. Todas as obras de Kardec podem ser encontradas em versão impressa ou digital.

Outras grandes contribuições

Após Allan Kardec, Léon Denis emergiu como uma figura proeminente, continuando e expandindo o trabalho do mestre francês. Denis, frequentemente chamado de Apóstolo do Espiritismo, escreveu extensivamente, abordando a relação entre o Espiritismo e questões como o Cristianismo, a evolução e a filosofia. Seu trabalho ajudou a solidificar o Espiritismo como uma Doutrina filosófica e espiritual respeitada.

O solo brasileiro nutrido pela diversidade e pela fé proporcionou um ambiente fértil para o crescimento e a expansão da Doutrina Espírita. Nesta terra, emergiram figuras notáveis que não só moldaram o Espiritismo brasileiro, mas também influenciaram a sua prática e a percepção em todo o mundo. Chico Xavier, Divaldo Franco, Bezerra de Menezes, Herculano Pires, Yvonne Pereira, Emmanuel, André Luiz, Joanna de Ângelis são alguns dos nomes que no Plano Terrestre ou no Espiritual trabalharam e trabalham para a compreensão dos princípios espíritas e para sua divulgação. Mais à frente voltaremos a falar sobre estes valorosos espíritos.

Caro(a) Explorador(a) do Espiritismo Cristão,

Nessa primeira carta que escrevi para você, tenho o prazer de lhe apresentar uma verdadeira joia que transformou minha vida: O Livro dos Espíritos. Estou empolgado em compartilhar este momento com você, pois acredito que agora, ao embarcar nesta jornada de descoberta, você está pronto (a) para explorar as grandes questões da vida com um olhar mais profundo e curioso.

O Livro dos Espíritos é uma obra fascinante, composta por perguntas e respostas sobre as grandes questões da vida humana e do Universo. Allan Kardec, com a ajuda dos Espíritos Superiores, organizou este livro de maneira brilhante, mudando nossa compreensão sobre a origem, natureza e destino dos espíritos. Afinal, nós, seres humanos, somos espíritos vivendo uma experiência no campo material da vida.

Jamais me esquecerei do impacto que me causou o primeiro contato com este livro. Fiquei absolutamente fascinado ao perceber como as questões foram cuidadosamente elaboradas e nos convidam a pensar além do óbvio! Por exemplo, a primeira pergunta do livro é "Que é Deus?". Kardec não pergunta "Quem é Deus?", mas "Que é Deus?". Essa escolha de palavras abre um Universo de possibilidades, desafiando-nos a expandir nossa compreensão do divino e provocando nosso pensamento crítico sobre uma pergunta que existe há milhares de anos, mas que geralmente é explicada por meio de uma visão humanizada e reduzida de um Deus imenso em amor, sabedoria e criação. O Senhor do Universo está além de nossas comparações humanas.

Kardec dividiu O Livro dos Espíritos em quatro partes principais, nos ajudando no aprofundamento de cada campo do conhecimento:

Causas Primárias: aqui, você encontrará discussões sobre Deus, a criação do Universo e os princípios vitais. Essas questões nos levam a refletir sobre a origem de tudo e a grandiosidade do Criador.

Mundo Espírita ou Mundo dos Espíritos: esta seção explora a natureza dos espíritos, a reencarnação e a vida após a morte. É um mergulho profundo na estrutura do mundo espiritual e de nossa jornada evolutiva.

Leis Morais: um guia de conduta espiritual e moral que aborda temas como amor, caridade, justiça e liberdade. Este é o coração do livro, onde aprendemos como viver de acordo com os princípios da Lei Divina, ou Lei do Amor.

Esperanças e Consolações: aqui, encontramos consolo para as aflições da vida e esperança para o futuro. As questões sobre as penas e recompensas após a morte nos ajudam a entender a justiça divina.

Querido(a) explorador(a) do Espiritismo, este livro é uma conversa profunda com o Universo. Cada pergunta e resposta é uma oportunidade para refletir, crescer e encontrar sentido na vida. Se você já estiver curioso, abra-o e selecione algum tema que considere de maior afinidade com as suas buscas espirituais. Eu recomendo começar do início, mas faça suas próprias escolhas sem pressa, afinal, essa é uma obra que você ainda vai estudar bastante.

Que O Livro dos Espíritos seja um guia iluminando sua jornada, assim como sempre foi para mim.

Um abraço,

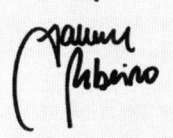

Capítulo 5

Sobre a imortalidade da alma

Não tenham medo dos que matam o corpo, mas não podem matar a alma. Antes, tenham medo daquele que pode destruir tanto a alma como o corpo no inferno. (Mateus 10:28)

Não foi apenas Jesus que falou que a alma não morre. A crença na imortalidade da alma e na comunicação dos espíritos com os homens era muito comum entre os povos antigos. As histórias de todos os povos da humanidade apontam que desde épocas mais remotas os seres humanos os evocavam.

Esses registros se encontram no mais antigo código religioso que se tem conhecimento, os Vedas, que menciona a presença dos espíritos dos antepassados ao nosso lado, bem como nos documentos que estudam o povo da China antiga e revelam a evocação dos espíritos avoengos.[8]

No antigo Egito, encontramos relatos em vários períodos da História. Seja nas descrições dos poderes dos magos dos faraós, como nos relatos bíblicos de Moisés que mais tarde, proibiu o seu povo de ter contato com práticas consideradas sobrenaturais, não por descrença nas comunicações e sim porque o povo as utilizava para práticas de adivinhação do futuro ou obtenção

---

8 Espíritos dos avós ou ancestrais.

de vantagens materiais. A consulta a oráculos e a crença nas evocações dos espíritos também era geral na Grécia antiga.

Por toda parte se encontram registros, conteúdos e investigações metodológicas sérias sobre a comunicação dos homens com aqueles que já se foram, mas nenhuma dessas informações tinha chamado a atenção de Clarice até então. Com seus 47 anos bem vividos, ela era o retrato do sucesso aos olhos do mundo. Empresária bem-sucedida, ela parecia ter tudo. Mas, no silêncio de seus momentos sozinha, uma sombra de tristeza se fazia presente. A perda de seus pais era um vazio que o tempo não preenchia, uma dor latente que a lembrava de que toda a riqueza do mundo não poderia trazer de volta os momentos perdidos.

Aos 41 anos, a chegada dos gêmeos trouxera uma nova luz para a vida de Clarice, mas também a sensação agridoce de um presente maravilhoso que chegou um pouco tarde. Quem a conhecia não sabia se ela parecia mais jovem porque estava sempre cercada por eles ou se eles adoravam conviver com ela porque ela era iluminada como uma adolescente feliz e cheia de vida.

Contudo, um sentimento sorrateiro de inveja da juventude alheia se insinuava em seu coração. Não raramente se pegava pensando: "eu trocaria todo meu dinheiro e patrimônio que construí por alguns anos a mais de juventude".

Numa noite, enquanto assistia ao filme *Paraíso,* que abordava a intrigante ideia de que as pessoas podiam vender seus anos de vida, Clarice se viu profundamente imersa na trama, imaginando-se naquela situação como compradora. O filme, com sua narrativa sobre pessoas trocando anos de juventude por riquezas, ressoou os medos e desejos mais íntimos dela.

A ficção espelhava seu maior desejo secreto: "Se a vida acaba, que eu viva bem e mais", ela pensava, contemplando a possibilidade de trocar suas conquistas materiais por mais tempo de juventude. Era esse medo do fim, essa ânsia por mais tempo, que a levou, a querer saber mais sobre seu destino futuro.

E como esta é uma das perguntas filosóficas mais antigas da humanidade, sempre leva a pessoa a se questionar sobre a morte e a sobrevivência da alma após o fim da vida humana.

Um dia, numa confraternização de amigo secreto na casa de uma amiga, revelou aos presentes o seu maior medo: "A morte! Eu tenho medo do que vem depois e se vem esse depois. Por isso, há alguns anos estudo sobre o que os grandes pensadores falam sobre isso. Mas confesso que não fiquei satisfeita com as reflexões abstratas que encontrei sobre o porvir."

A anfitriã da festa ouviu atentamente, mas não falou nada. No outro dia, mandou uma mensagem para Clarice: "Eu ouvi o que falou ontem e achei muito interessante. Também me sentia assim no passado. Amanhã eu passarei na sua casa às 13h30. Vou levar você para conhecer um lugar."

No outro dia, às 14h em ponto ela entrava no Centro Espírita Frei Luiz, que fica no Rio de Janeiro. Lá, uma experiência inesperada aguardava Clarice. Quando a palestra começou, ela teve o ímpeto de ligar o gravador de seu celular e gravou a palestra que abriu as portas para um novo entendimento sobre a vida, a morte e o tempo. Compartilho aqui o conteúdo dessa palestra gravada por ela.[9]

"Ao contemplarmos a jornada da humanidade, um tema fascinante e recorrente surge: a crença na imortalidade da alma. Esta ideia, tão antiga quanto a própria civilização, atravessa culturas e eras, tecendo uma história rica e diversificada.

Nas areias do tempo, encontramos os antigos egípcios, que já em 5000 a.C., mumificavam seus mortos e preparavam para

---

[9] Ela não se lembra do nome do palestrante, mas seja quem for, certamente cumpriu bem sua tarefa de orientar e consolar por meio do Espiritismo.

eles um caminho para a vida eterna, um reflexo de sua profunda crença na continuidade da existência. Da mesma forma, na China antiga, desde o período Zhou, a alma era vista como um viajante em uma jornada eterna, uma visão profundamente enraizada nas filosofias do Taoísmo e do Confucionismo.

Ao avançarmos para a era moderna, essa busca ancestral ganha novos contornos com os estudos sobre experiências de quase morte (EQM). Essas experiências, relatadas por pessoas que estiveram à beira da morte, sugerem que a consciência pode continuar a existir independentemente do corpo físico, oferecendo um vislumbre do que poderia existir além da vida como a conhecemos.

No coração do Espiritismo, Allan Kardec, em *O Livro dos Espíritos*, aborda a alma sob uma lente de racionalidade e curiosidade. Ele nos convida a considerar a alma não apenas como sobrevivente, mas continuamente em evolução. Léon Denis, seguindo os passos de Kardec, aprofunda essa visão, em *Depois da Morte*, discutindo a jornada da alma e sua evolução através de várias existências.

Um dos aspectos mais tangíveis dessa discussão é ilustrado pelas cartas psicografadas por Chico Xavier. Essas cartas, atribuídas a espíritos de pessoas falecidas, são cheias de detalhes íntimos e específicos, muitas vezes confirmados por aqueles que as receberam. Elas nos oferecem um testemunho poderoso de que a morte pode ser apenas uma transição.

As provas da sobrevivência do espírito após a morte do corpo físico estão em toda parte. Entre 1918 e 1921 começaram a ocorrer fenômenos de materialização de espíritos que sacudiu o Brasil, e especialmente, na cidade de Belém do Pará onde aconteceram materializações de fotografia de espíritos e de Escrita

Direta,[10] através da mediunidade de efeitos físicos da Sra. Anna Prado.[11]

As materializações se realizavam a não deixar dúvidas, pois surgia a forma humana de modo completo. A médium era encerrada numa gaiola de ferro, sob rigoroso controle dos assistentes. Um dos espíritos que se materializaram se chamava Raquel. Ela ficou face a face com seus pais e foi reconhecida por eles. O espírito da garota andou pela sala, tocou nas pessoas e, em uma das manifestações, pede à mãe que deixe de usar o luto, pois, era "muito feliz" em sua nova condição.

Assim, ao olharmos para o vasto panorama de crenças, desde as práticas ancestrais até os relatos modernos de experiências de quase morte, vemos que a ideia da imortalidade da alma não é apenas um resquício de um passado distante, mas uma possibilidade plausível, apoiada por séculos de tradição, experiência e pesquisa. O Espiritismo, com sua abordagem filosófica e evidências mediúnicas, oferece uma perspectiva única sobre essa jornada eterna da alma. Não se trata apenas de fé, mas de uma busca contínua por compreensão e significado.

Ao refletir sobre a imortalidade da alma, somos convidados a viver nossas vidas com uma consciência mais profunda, sabendo que cada momento, cada ação, pode ser um passo em nossa jornada espiritual. A imortalidade da alma nos lembra de que somos seres em uma contínua evolução, parte de um Universo vasto e interconectado."

---

10 Escrita direta também conhecida como pneumatografia é produzida por espíritos em alguma superfície, sem auxílio de médiuns e até sem uso de objetos. As palavras simplesmente "aparecem".

11 Anna Prado foi uma médium de efeitos físicos que viveu no Pará, de naturalidade amazonense, e que foi pioneira dos fenômenos espíritas no Brasil. como citado anteriormente aqui na obra.

Ao final da gravação ouve-se um suspiro de Clarice que não sei identificar ao certo se é de surpresa ou choro. Em seguida a Oração do Pai Nosso é pronunciada pelos presentes enquanto num piano alguém toca quase em surdina o *Prelude em C Major* de Johann Sebastian Bach. Daquele momento em diante, ela teria uma nova e consoladora perspectiva sobre seu futuro.

Capítulo 6

O Espiritismo acredita em Deus e Jesus?

Ana, sempre fiel aos seus valores católicos, encontrou-se inesperadamente no caminho do Espiritismo, impulsionada por uma experiência pessoal intensa e intrigante. Após a morte de sua melhor amiga, Juliana, começou a ter sonhos que considerava inequivocamente reais, chegava a acordar um pouco perdida, sem saber exatamente o que era vigília e o que era sonho.

Noite após noite, esses sonhos, tão vívidos e carregados de mensagens, pareciam trazer Juliana de volta ao seu convívio, promovendo uma nova conexão entre elas. Intrigada e profundamente confusa, Ana se viu compelida a compreender e explorar mais a fundo as possibilidades da vida além da morte.

Ela começou a se perguntar: será que Juliana estava realmente tentando se comunicar?

Seria possível que a alma de sua amiga, de algum modo, ainda estivesse presente e ativa?

Orava fervorosamente antes de dormir, pedindo a Deus que lhe revelasse um caminho para saber o que estava acontecendo. Algumas vezes, os sonhos eram pedidos de orações, prontamente atendidas quando ela acordava.

Quando Ana pesquisou *online*, encontrou dezenas de explicações sobre seus sonhos, entretanto, como quase tudo que se procura na *internet*, a abundância de informações não contribuiu para uma conclusão assertiva.

Foi assim que, ela chegou ao Centro Espírita, esperando encontrar respostas mais elaboradas e profundas do que aquelas que encontrara em suas pesquisas dentro de buscadores digitais e até ferramentas de inteligência artificial generativas.

Algumas vezes o conteúdo sobre o significado dos sonhos e comunicação com os mortos eram envolvidos em crendices ou explicações dogmáticas que não se encaixavam em suas experiências em sonho.

Por ser uma pessoa que se declarava "crente e temente à Deus", Ana sentiu certo desconforto em sua consciência quando se viu sentada naquele salão amplo, que lembrava auditórios de escolas, para assistir a sua primeira palestra no Centro Espírita. Não sabia ao certo o que se falaria ali, tampouco se não sentiria medo. Tinha até preparado um plano de fuga caso se assustasse com alguma coisa.

"Será que eles também acreditam em Deus?"

"Eu não vejo imagens por aqui, será que eles seguem os ensinamentos de Jesus?"

"Se aparecer um espírito aqui eu vou fingir que estou tossindo e saio correndo".

O que a jovem católica não esperava era que naquela noite, dentro de uma instituição espírita, descobriria a mais fascinante explicação sobre Deus que já ouvira na vida.

Surpreendeu-se quando o palestrante da noite abriu um livro, que ela da primeira fila pode enxergar o título – *O Livro dos Espíritos* – e leu:

"Questão número um: Que é Deus?"

"Resposta: Inteligência suprema do Universo, causa primária de todas as coisas."

Inicialmente, ela não entendeu bem o significado da resposta, mas a pergunta ecoava nela de uma forma peculiar. "Por que a pergunta não era 'Quem', mas sim 'Que' é Deus?"

O questionamento circulava em sua mente como um espiral de pensamentos, provocando emoções que se assemelhavam ao encontro com uma pessoa que já se conhece superficialmente, mas que agora se apresenta como um familiar desconhecido, revelando seu grau de parentesco e uma estranha intimidade com a sua história de vida.

Para o Espiritismo, Deus não é aquela figura antropomórfica[12] que habita além das nuvens. É a inteligência superior que criou a tudo e a todos. O homem ainda não consegue compreender bem o significado de sua grandiosidade, mas é possível se saber muito sobre Deus observando sua obra e refletindo sobre seus principais atributos, que são explicados por Kardec no livro *A Gênese*, o quinto livro básico da Doutrina Espírita. Compreender Deus observando-se seus atributos pode ser um pouco mais fácil para a nossa capacidade limitada em desvendar um ser ilimitado.

Atributos de Deus

- **Eternidade:** Deus existe além do tempo. Se Deus tivesse um início ou um fim, a origem e a continuidade do Universo seriam inexplicáveis. A eternidade de Deus assegura uma presença constante, estabilizando o cosmos. Se ele

---
12 Semelhante ao homem.

tivesse um início alguma coisa O teria criado e essa coisa é que seria Deus.

- **Imutabilidade:** Deus é imutável. Se Deus mudasse, as leis do Universo, reflexo da Sua vontade, também seriam instáveis, tornando o Universo imprevisível.
- **Imaterialidade:** Deus é imaterial, livre das limitações do universo físico. Sua imaterialidade permite que Ele seja onipresente e independente das leis materiais.
- **Unicidade:** Deus é único, assegurando a unidade e harmonia do Universo. Múltiplos deuses implicariam em conflitos de poder, desafiando essa harmonia.
- **Onipotência:** Deus é todo-poderoso, mas Seu poder está alinhado com Sua sabedoria. Se Deus não fosse todo-poderoso, aspectos do Universo estariam fora do Seu controle.
- **Soberana Justiça e Bondade:** Deus é justiça e bondade. Sem esses atributos, o Universo careceria de leis morais e éticas, tornando nossa existência sem sentido moral.

Os atributos de Deus são a base da Fé Espírita: a fé raciocinada. Uma fé sólida, que está fundamentada na crença de uma lei única que rege o Universo, desmistificando a crença em um Deus inacessível, aproximando a criatura do Criador por meio do entendimento da Sua bondade e justiça infinita.

Jesus e a Doutrina Espírita: uma relação profunda

Ana, em sua nova jornada religiosa aprendendo sobre o Espiritismo, mergulhou na leitura da Codificação Espírita. As suas obras básicas foram fundamentais para entender a figura do Cristo sob essa nova luz. Em seus estudos descobriu uma rica cadeia de interpretações e ensinamentos que expandiram e mudaram a sua visão de Jesus de uma maneira muito especial. O Cristo de suas orações parecia ter se tornado um irmão companheiro, apoiando e sustentando sua fé diante de uma vida complexa e atribulada.

Na Doutrina Espírita, a figura de Jesus é vista com uma profundidade que conecta seu papel histórico, espiritual e profético. A *Bíblia*, em diversas passagens, antecipa a chegada do Messias, um papel que Jesus viria a preencher. Por exemplo, o livro de *Isaías* profetiza: *Portanto, o Senhor mesmo vos dará um sinal: Eis que a virgem conceberá, e dará à luz um filho, e chamará o seu nome Emanuel.* Esta e tantas outras profecias estabelecem um contexto esperançoso e revolucionário para a chegada de Jesus.

Nos Evangelhos, os apóstolos descrevem Jesus não apenas como um mestre e curador, mas como uma presença transformadora. Em Mateus por exemplo, encontramos as bem-aventuranças, que representam a essência dos ensinamentos de Jesus, enfatizando valores como a humildade, a misericórdia, a pureza de coração e a busca pela justiça.

Paulo de Tarso, nas suas cartas, oferece valiosos ensinamentos sobre o Cristo. Em Filipenses Paulo descreve a natureza de Jesus:

Deem a vocês mesmos a mesma atitude que
Cristo Jesus teve. Embora ele fosse Deus, não
considerou que ser igual a Deus era algo a que
devia se agarrar. Em vez disso, ele se despiu de
sua glória divina; tomou a humilde posição
de um escravo e nasceu como um ser humano.
Quando apareceu em forma humana,
humilhou-se em obediência a Deus e morreu
uma morte de criminoso na cruz.

Espiritismo - comece por aqui

O Espiritismo nos esclarece que Jesus, mais do que cumprir profecias ou estabelecer uma religião, veio como um modelo de amor e moralidade para a humanidade, como indicado na questão 625 de *O Livro dos Espíritos*. A Doutrina Espírita abraça essa visão, reconhecendo Jesus como uma figura central na evolução espiritual e moral da humanidade. Seus ensinamentos, longe de serem restritos a um contexto religioso, são universais, guiando-nos na jornada de crescimento interior e compreensão da vida espiritual.

O Espírito Emmanuel,[13] através das obras psicografadas por Chico Xavier, apresenta Jesus como uma figura espiritual de imensa sabedoria e amor, e enfatiza seu papel como o Governador Espiritual da Terra, guia para a evolução espiritual da humanidade. De tão perto de Deus, Jesus se confunde ao Criador, sendo o seu perfeito instrumento de cocriação e redenção do mundo.

Os ensinamentos e exemplos do Cristo não são apenas para serem admirados ou idolatrados; são diretrizes para o crescimento espiritual e moral, um convite à transformação interior e ao entendimento mais profundo da nossa jornada espiritual.

Ana, que ao longo da vida havia intensificado a relação com o Cristo durante os momentos mais difíceis, agora, compreendendo a grandiosidade da Sua missão, transformou a sua fé em motivação para multiplicar a palavra de Jesus pelo mundo. Passou a se dedicar ao estudo e divulgação do Espiritismo, além de engajar-se em atividades assistenciais.

---

13 A biografia de Emmanuel encontra-se, junto com outras, no final deste livro.

Caro(a) Explorador(a) do Espiritismo Cristão,

Chegou um momento muito especial para nós, caro amigo explorador. Vou falar agora de um assunto que toca muito meu coração, que é essa conexão profunda que o Espiritismo tem com Deus: Pai Amado e Amigo de todos, Deus de amor e misericórdia, a Inteligência Suprema e Causa Primária de todas as coisas e o Senhor do Universo. Bem como da relação íntima Daquele que dividiu a história do mundo, O Filho do Homem, o Caminho, a Verdade e a Vida, o Mestre dos Mestres: Jesus de Nazaré.

O Evangelho Segundo o Espiritismo não é um substituto da Bíblia Sagrada, como muitos leigos pensam, muito menos ainda do Novo Testamento. O objetivo desse livro é estudar os ensinamentos de Jesus à luz das explicações dos espíritos, jamais alterá-los ou contradizê-los. Para isso, ele traz conteúdos dos quatro Evangelhos, com comentários dos Espíritos Superiores. Essa é uma informação muito importante para você.

Publicado por Allan Kardec em 1864, nos oferece os ensinamentos morais de Jesus, interpretados e comentados de forma leve e confortadora.

Podemos dividir os Evangelhos em cinco partes principais: os atos comuns da vida do Cristo; os milagres; as predições; as palavras que foram tomadas pela Igreja para fundamento de seus dogmas; e o ensino moral. Ao longo da história do Cristianismo vêm provocando uma diversidade de interpretações, polêmicas e até mesmo conflitos entre pessoas que discordam em suas posições, mas o ensino moral de Jesus é o único que é capaz de unir todas as crenças por meio de seus mandamentos maiores: Ame a Deus sobre todas as coisas e o próximo como a si mesmo.

Este livro deixa claro de uma vez por todas que a Doutrina Espírita se apresenta para a humanidade em tríplice aspecto: ciência, filosofia e religião. Considero-o marco inicial do Espiritismo, como um farol iluminando a mensagem original e pura do Cristo, trazendo de volta a simplicidade e a profundidade dos seus ensinamentos.

Leia quando quiser se conectar com Deus; leia quando precisar de conforto e paz; leia quando precisar orar; leia esse farol de esperança e paz quando estiver passando por dores da vida, especialmente em momentos de dúvida e aflição. Ele nos lembra de que, apesar das dificuldades, sempre há um caminho de luz e amor a seguir. O ensino moral de Jesus, explicado sob a luz do Espiritismo, nos guia para viver de forma mais justa e amorosa.

Querido (a) amigo (a) Explorador (a) do Espiritismo Cristão, que O Evangelho Segundo o Espiritismo seja uma fonte de inspiração e conforto em sua vida. Que ele o (a) ajude a viver com mais amor, compaixão e justiça.

Com todo o meu carinho,

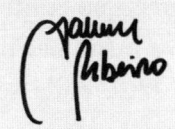

Capítulo 7

Da proibição de falar com os mortos

M árcio estava muito entusiasmado com as descobertas que havia feito sobre a Doutrina Espírita. Ele não imaginava que encontraria um conjunto de informações e respostas capazes de solucionar as suas grandes dúvidas da vida, questões que pareciam não ser completamente respondidas pelas religiões ou grandes escolas filosóficas que conhecia. Embora ele fosse um ávido consumidor de novos conteúdos em plataformas digitais, nem essa inundação de produções *online* especializadas havia sido capaz de acalmar sua mente inquieta com tantas perguntas sobre a origem, natureza e destino do ser humano.

Assistir os grandes pensadores e filósofos vivos explicando em suas aulas o que pensavam os maiores pensadores já falecidos provocou nele uma melhor compreensão sobre a vida e o mundo e possibilitou o desenvolvimento de um hábito primordial para os novos tempos: prestar mais atenção a si mesmo. Essa percepção contribuiu para seu autoconhecimento, promovendo a busca por uma vida equilibrada, com mais saúde mental.

Mas, nada se comparava ao novo horizonte que se abriu quando ele percebeu a poderosa combinação que os três aspectos do Espiritismo criam como uma única proposta de conhecimento. A união entre o pensamento científico e filosófico, e as consequências religiosas e morais proveniente dessa poderosa sinergia, aproximou-o de Deus de uma forma que jamais imaginou ser possível, abrindo uma nova dimensão de espiritualidade que lhe era anteriormente inimaginável.

Em uma noite de sexta-feira, quando Márcio e Graciara chegaram em casa para a tradicional noite de pizza em família, perceberam que naquela ocasião não seriam apenas os pais e a irmã de Márcio que estariam presentes. A família de sua tia Lia unira-se a eles. A irmã da mãe de Márcio é uma fervorosa adepta de uma congregação evangélica pentecostal.

A conversa daquela noite foi agradável. Girava em torno de uma emocionante série de televisão que apresentava Jesus a partir dos olhos daqueles que haviam convivido com ele.[14] Graciara, que é apaixonada pelas histórias e parábolas do Cristo, comentava entusiasmada algumas conexões que o programa de televisão fazia com os textos dos Evangelhos de Marcos e João, citando cenas emocionantes de alguns episódios. Quando Lia perguntou se a namorada do sobrinho também era cristã, Graciara, com um sorriso no rosto, prontamente respondeu: "Sim, sou adepta à interpretação evangélica do Espiritismo. Sou Espírita já há alguns anos."

Lia percorreu os olhos pela sala, como quem procura algum sinal que ajudasse a expressar a sua surpresa. Olhou profundamente nos olhos de sua interlocutora e falou: "Então você é Espírita? Isso é incompatível com ser cristão, já que a *Bíblia* proíbe a comunicação com os espíritos."

Graciara sorriu novamente, mas dessa vez parecia ser uma expressão de seu incômodo com o que ouvira, e respondeu: "em outro momento eu posso conversar melhor com você sobre isso, mas em resumo, nós seguimos ao Mestre e Senhor Jesus de Nazaré que nos ensinou que seus discípulos seriam conhecidos por muito se amarem."

---

14 *The Chosen* ou *Os Escolhidos*, série sobre a vida de Jesus, disponível em várias plataformas e *app* próprio.

O que era uma maneira delicada que Graciara encontrou de dizer que não queria conversar com quem não estivesse disposto a dialogar de coração aberto: "Lia, seria necessária uma noite inteira para conversarmos sobre este tema, mas como preciso ir para casa, podemos retomar o assunto numa próxima noite de pizza, que por sinal, está uma delícia. Louvado seja Deus que fez o trigo que nos deu essa pizza."

Naquela noite, Márcio, que até já tinha comprado o livro de Léon Denis, *Cristianismo e Espiritismo*, mas ainda não havia lido, foi dormir pensativo e inseguro. "E se a sua tia estivesse certa? E se tudo não passasse de um grande engano porque os Espíritas interpretaram a palavra de Deus de forma equivocada? Ou pior, estariam eles ignorando os princípios sagrados da religião Cristã?" Ele teve certeza de que tinha que estudar mais sobre o assunto.

A *Bíblia Sagrada*, ao longo dos séculos, tem sido uma fonte de sabedoria e orientação espiritual para milhões de pessoas. No entanto, suas interpretações apresentam grandes variações, especialmente no que diz respeito à comunicação com os mortos.

Um dos episódios mais intrigantes e frequentemente citados para abordar este tema é a história do profeta Samuel e sua aparição pós-morte ao rei Saul, que apesar de ter banido de seu reino todos aqueles que diziam se comunicar com os espíritos, recorreu a uma médium em uma situação de desespero e solidão.

As interpretações sobre relatos e documentos que mencionam a comunicação entre homens e espíritos são objeto de inúmeras discussões religiosas. Em geral elas giram em torno de duas grandes questões:

É possível entrar em contato com os espíritos dos chamados mortos?

A segunda é de certa forma uma extensão da primeira: é permitido ao homem manter esse tipo de comunicação?

Certa vez, num evento interreligioso, um dos debatedores fez tal questionamento ao Divaldo Pereira Franco. Ele respondeu: "Se não é possível, porque em alguns livros sagrados está escrito que é proibido?" ou seja, não se proibiria aquilo que não existisse, porque nem faria parte do pensamento humano.

Muitos defensores das tradições cristãs argumentam firmemente contra a prática, baseando-se em interpretações específicas do *Antigo Testamento*. Contudo, uma análise mais aprofundada das escrituras, ou dos documentos sagrados à luz da *Cabala*[15] judaica, nos faz compreender que estudos mais aprimorados revelam camadas de significados que desafiam uma visão simplista.

A *Cabala*, na sua essência, desdobra a interpretação da *Torá* em quatro níveis distintos, cada um revelando uma compreensão mais profunda e esotérica. O primeiro nível, o *Peshat*, é o mais direto, focando no sentido literal do texto. Segue-se o *Remez*, que mergulha nos significados alegóricos e nas alusões escondidas nas palavras. O *Derash*, o terceiro nível, envolve uma análise comparativa, buscando entender as metáforas e as conexões entre diferentes passagens. O nível mais profundo, o *Sod*, contempla o sentido misterioso e secreto, oferecendo *insights* sobre a sabedoria divina oculta nas *Escrituras*.

Esses níveis de interpretação sugerem que as *Escrituras* são mais do que meras palavras; são portais para um entendimento mais profundo do Universo e da existência. Curiosamente, as evidências de comunicação com o mundo dos mortos precedem até mesmo os registros sagrados escritos, indicando que tal fenômeno pode ser uma lei natural intrínseca à vida.

---

15 Cabala ou Kabbalah significa "recebido". No uso comum hoje, se refere à sabedoria recebida da teologia da prática judaica construída sobre ensinamentos transmitidos através das gerações do Sinai. A Cabala é a alma do judaísmo.

Assim, levanta-se a questão: aqueles que defendem a proibição da comunicação com os espíritos realmente exploraram as profundezas das *Escrituras Sagradas*? Ou será que permanecem na superficialidade de suas primeiras impressões? É preciso estar disposto a navegar por essas águas profundas, buscando uma compreensão mais abrangente e esclarecedora sobre a comunicação entre os vivos e os mortos.

A Bíblia e a Mediunidade

Em nossa jornada espiritual, frequentemente, nos deparamos com histórias que desafiam nossa compreensão e nos convidam a olhar além do véu da realidade material. Uma dessas histórias, profundamente enraizada nas Escrituras Sagradas, é a intrigante narrativa de Samuel e Saul, que nos oferece um vislumbre único sobre a comunicação com o Mundo dos Espíritos, baseado em um relato da própria *Bíblia Sagrada,* no primeiro livro de Samuel, que merece uma análise mais profunda para evitar qualquer interpretação parcial.

O Rei Saul, encontrando-se em um momento de profunda incerteza e desespero, buscava orientação para o futuro. Ele, que antes havia proibido práticas espiritualistas em seu território, enfrentava agora um paradoxo ao buscar por si próprio a ajuda de uma médium em Endor. 'Procurem-me uma mulher que seja médium', instruiu Saul às suas criadas, revelando a complexidade da natureza humana e seu anseio por respostas que transcendem o mundo físico.

O encontro entre Saul e a médium de Endor é um momento de revelação. Ao invocar o espírito de Samuel, a médium traz à presença do rei não apenas um conselheiro do passado, mas uma voz que fala do além-túmulo e que se apresenta exatamente como era quando estava entre nós. A aparição do espírito de Samuel, que conversa com Saul, é um testemunho poderoso da realidade da comunicação espiritual. Este episódio não nos deixa margens para interpretações diversas e provoca a reflexão sobre o que realmente sabemos sobre a vida após a morte e a possibilidade de comunicação entre essas duas realidades da vida. Aqui, nos deparamos com as implicações teológicas e espirituais profundas desse encontro. A *Bíblia*, frequentemente vista como um livro de regras estritas, revela, através desta história, uma complexidade e uma abertura para a interpretação espiritual que muitas vezes é negligenciada. Samuel, mesmo após a morte, mantém sua presença e influência, desafiando a noção de que a morte é um fim absoluto.

Essa história que a *Bíblia Sagrada* nos conta já levantou diversas polêmicas. Alguns acreditam que Saul de fato se comunicou com Samuel. Outros acreditam que não. Dos que acreditam que Saul não se comunicou com Samuel, há quem acredite que Saul foi enganado pela médium. Outros afirmam que foi um espírito zombeteiro ou um tipo de demônio que se comunicou com Saul. Evidentemente, essas pessoas que assim interpretam o que está escrito, nem sempre estão preocupadas em compreender o texto; porque estão mentalmente comprometidas em negar a possibilidade de reconhecer que a comunicação com os mortos é possível.

Não raramente, os intérpretes negligenciam um dos princípios básicos do estudo aprofundado: o exame minucioso do texto. Isso leva a interpretações infundadas, adicionando palavras ou ideias que originalmente não existem nas *Escrituras*.

A evidência mais convincente de que Saul se comunicou com o profeta morto Samuel por meio da médium é o próprio texto da *Bíblia*. Veremos esta evidência com uma análise do próprio texto da passagem.

Vimos que há quem argumente que a aparição era na verdade um espírito maligno ou um zombeteiro. No entanto, nas *Escrituras Sagradas*, sempre que um falso profeta, espírito maligno ou enganador se manifesta, sua verdadeira identidade é eventualmente revelada.[16]

Contudo, no relato de 1 Samuel 28, em nenhum momento a *Bíblia* descreve a figura que apareceu como um "espírito zombeteiro ou enganador" ou um "demônio mentiroso". Pelo contrário, a entidade é apenas identificada como Samuel nas *Escrituras*.

Uma das características de enganadores e zombeteiros é falar o que as pessoas querem ouvir. Existe um ditado que diz que amigos de verdade falam aquilo que precisamos ouvir e não aquilo que gostaríamos de escutar. Essa máxima se aplica também aos espíritos, uma vez que eles nada mais são do que as almas dos que aqui viveram separadas do seu corpo físico.

O ser que apareceu a Saul nunca falou nada contra a Lei de Deus. Pelo contrário, simplesmente confirmou tudo que já havia sido dito antes a Saul e ainda profetizou que Israel seria derrotado pelos filisteus, e que Saul e seus filhos morreriam logo em seguida. E essa profecia acaba se realizando.

Não faz sentido ter sido um espírito enganador, pois só confirmou tudo que a Palavra de Deus dissera até aquele ponto. Observamos ainda que o ser que apareceu sabia coisas que eram do conhecimento de Saul e Samuel. Assim, entendemos que ele sabia não somente relatar coisas sobre o passado de Saul, mas também profetizou com precisão sobre seu futuro.

---

16 Ver no Antigo Testamento: Juízes 9:23; 1 Reis 13:18; 22:22-23; 2 Crônicas 18:21-22.

Dessa forma, não há dúvidas de que se trata de Samuel. A *Bíblia* diz que era Samuel. Se as próprias *Escrituras* identificam essa entidade como Samuel, quem possui a autoridade para contradizer tal declaração?

Eu não tenho essa autoridade, mas talvez a tia de Márcio e as pessoas que assim lhe ensinaram a interpretar as *Escrituras* também não a possuam.

Além deste episódio fascinante que aparece em *1 Samuel,* as *Escrituras* oferecem outras passagens que sugerem a comunicação com o Mundo dos Espíritos. Essas histórias, quando vistas sob uma luz diferente, mostram que a *Bíblia* não é um livro de proibições inflexíveis, mas sim um texto vivo, cheio de mistérios e sabedoria a ser explorada.

É importante saber que o Espiritismo também não aprova ou recomenda aquilo que Moisés proibiu no capítulo 18, versículo 10 e 11 do Deuteronômio:

Não se achará entre ti quem faça passar
pelo fogo o seu filho ou a sua filha, nem
adivinhador, nem prognosticador, nem
agoureiro, nem feiticeiro; nem encantador,
nem necromante, nem mágico, nem quem
consulte os mortos;

Quando Márcio contou a Luiz Mário sobre a longa conversa que tivera com os familiares a respeito da referida proibição que a *Bíblia* faz à comunicação com os mortos, seu novo amigo lhe emprestou um livro de Herculano Pires, um dos maiores e mais importantes pensadores espíritas da história, chamado Visão Espírita da *Bíblia*. E quando chegou em casa, se trancou no seu quarto e leu o trecho abaixo transcrito:

Não esqueçamos, porém, de que a condenação de Moisés era circunstancial, pois os povos de Canaã, que os judeus iam conquistar a fio de espada, eram os que praticavam essas coisas. Mas a condenação do Espiritismo tem sido frequente por parte daqueles que se interessam por conquistas guerreiras, por divisão entre os povos, atos pelos quais o Espiritismo, sendo essencialmente cristão, não se interessa.

E seguiu na leitura: "Kardec adverte em *O Evangelho Segundo o Espiritismo*, livro de estudo das partes morais do Evangelho. Não solicitais milagres nem prodígios ao Espiritismo, porque ele declara formalmente que não os produz. (Cap. XXI:7). Em *A Gênese* e em *O Livro dos Espíritos*, Kardec também diz que a finalidade da prática espírita é moralizar os homens e os povos. Quem conhece o Espiritismo sabe que todo interesse pessoal, particular, é rigorosamente condenado. Adivinhações, agouros, feitiçaria, encantamentos, consultas interesseiras são práticas de magia antiga, que Moisés condenou, como o Espiritismo condena hoje".

E foi assim que Márcio teve o seu primeiro contato com a obra daquele que foi chamado "o melhor metro que mediu Kardec",[17] que é como Herculano Pires é conhecido pelos estudiosos Espíritas. Sentiu seu coração aliviado porque percebeu o quanto infundados foram seus questionamentos íntimos naquela noite de pizza.

---

17 Se desejar conhecer mais sobre ele e por que assim é chamado, sugiro que vá agora para o final do livro e leia sua biografia.

Capítulo 8

O que encontrarei no Centro Espírita

Os últimos anos de Patrícia estavam sendo angustiantes. Mãe solteira de Fernando, um jovem de 16 anos, ela via a relação entre eles esfriar cada vez mais. Não sabia mais o que fazer para recuperar o afeto de seu filho e voltar a ter uma conexão emocional real com ele.

Após novo episódio frustrado de tentativa de aproximação, Patrícia resolveu seguir os conselhos de sua tia, Fátima, e pesquisou na internet um Centro Espírita mais próximo de sua casa. Encontrou um local que parecia ser interessante, com atividades diárias e um grande grupo de frequentadores. Ao chegar ao local, pediu informações na recepção. A atendente mal levantou os olhos da tela do celular e apontou em direção a uma porta no final do corredor.

Patrícia entrou na sala indicada e foi chamada por um senhor que parecia trabalhar fazendo o cadastro das pessoas que chegavam. Ao sentar-se diante dele, respondeu algumas perguntas básicas e o viu fazer anotações numa ficha. Dali, ela foi direcionada para outra sala, na qual estava escrito: sala de passe. Com o cartão que o senhor do cadastro lhe entregou, entrou na fila e aguardou sua vez. Ela ainda se sentia perdida e queria poder falar com alguém sobre suas angústias. Logo chegou a hora de entrar na sala indicada.

Ao sair de lá, seu destino foi um amplo salão que lembrava um teatro, só que sem aquelas cadeiras ou decorações sofisticadas. Depois de aproximadamente 50 minutos ouvindo o palestrante, sem entender muito bem o tema, Patrícia voltou para casa um pouco frustrada. Ela teve a sensação de que a noite passou muito rápida e não a deixou nem perto de conseguir as respostas pelas quais procurava.

Ainda se sentia angustiada, uma vez que não encontrou alívio para sua angústia emocional e espiritual. Orou antes de dormir. Pediu a Deus que lhe iluminasse os caminhos e lhe apresentasse uma nova chance.

Mas, antes de fechar os olhos, seu celular tocou. Era a sua tia que em uma chamada de vídeo queria saber como tinha sido a experiência. "Tia, não consegui me conectar. Achei o ambiente um pouco frio". Fátima ficou surpresa. Não era essa a percepção que ela teve quando visitou aquele Centro, mas explicou que existem várias realidades e tipos de Centros Espíritas: grandes, pequenos, acolhedores, distantes. "O que para algumas pessoas é muito bom, para outras pode não ser." Então, sugeriu à sobrinha que procurasse outra instituição.

Assim fez Patrícia, sendo acolhida e orientada na Casa dos Humildes, em Recife, por uma equipe de trabalhadores muito unida e disposta a ajudar. Lá, ela começou a frequentar um grupo de apoio à família e, depois de alguns meses, conseguiu levar Fernando, seu filho, para conhecer o grupo da mocidade. Ele foi recebido de braços abertos e passou a frequentar o local semanalmente. A relação de mãe e filho se tornou mais próxima, respeitosa e amorosa dali em diante.

Os locais onde as pessoas se encontram para professar suas religiões, em geral, têm estruturas semelhantes, embora a arquitetura e a decoração possam mudar. Ainda que o Espiritismo não seja uma religião formal, com dogmas e rituais estabelecidos, os locais onde as pessoas se encontram para estudar e falar sobre a Doutrina Espírita têm suas semelhanças com outras religiões: assim é o Centro Espírita, que, em alguns lugares pode também ser chamado de Casa Espírita, Lar Espírita, Grupo Espírita e até Núcleo Espírita. O que todos estes nomes têm em comum é o fato de que ali se reúnem pessoas com o objetivo de fazer a caridade, acolher as pessoas, estudar e praticar o Espiritismo.

No Brasil, muitos grupos espíritas iniciaram suas atividades em reuniões particulares na casa de pessoas que cediam o espaço para os encontros. Com o tempo, locais maiores e dedicados exclusivamente ao Espiritismo foram fundados e deram origem aos primeiros Centros Espíritas do país.

Em nosso país, podemos encontrar uma infinidade de perfis de Centros Espíritas. Daqueles mais estruturados, com amplos salões, público enorme e muitos recursos, aos locais improvisados numa garagem residencial, ou numa sala anexa no fundo da casa de alguém.

O elemento que é unânime em qualquer Centro Espírita é que todo ele é Cristão e estuda as Obras Básicas do Espiritismo. É óbvio, afinal, não fossem as obras do Codificador e aquele local não teria o nome de Centro Espírita.

Elementos físicos do Centro Espírita

Todo Centro tem um local para reuniões públicas e palestras. Não importa se é uma pequena sala com algumas cadeiras organizadas ou um portentoso salão, com fileiras e mais fileiras de cadeiras, um palco e equipamentos de som. Como as palestras e estudos doutrinários são um dos elementos-chave do Centro Espírita, é preciso oferecer um espaço para que ela aconteça.

Outro elemento presente em boa parte das Casas Espíritas é a sala ou câmara de passe. E digo "câmara", porque muitos Centros optam por realizar a prática do passe magnético em espaços separados dos demais ambientes. Em geral, é uma sala com cadeiras para as pessoas se sentarem. Ali, ficam os trabalhadores,[18] que podem ser chamados de passistas, para aplicar o passe em quem chegar. Esse é o formato mais tradicional.

A maioria dos espíritas gosta muito de estudar. Segundo um levantamento do IBGE, as pessoas que se declararam Espíritas no censo eram as que tinham maior grau de escolaridade. O mesmo ocorre em pesquisas relacionadas aos hábitos de leitura, em que Espíritas também detêm a dianteira. Então é até lógico pensar que todo Centro Espírita tenha salas de aula para os cursos sobre o Espiritismo. Isso é verdade para a maioria deles. Ao menos para os que possuem mais de um espaço para suas atividades, o que não é a realidade de muitos outros.

A obra mais estudada pelos Espíritas do Brasil é, de longe, *O Evangelho Segundo o Espiritismo*. Ao estudar alguns capítulos desta obra, por exemplo, Patrícia pôde compreender melhor sobre os laços de família.

As salas de aula dos Centros Espíritas, em geral, se assemelham muito às salas de aula das escolas. Lousas, que podem ser quadros negros para giz ou brancos para canetões, mesa de professor e cadeiras enfileiradas. Isso traz certa organização, mas também reproduz um modelo antigo, que o século XXI tem questionado, pois nem sempre favorece a aprendizagem.

No grupo da família que Patrícia passou a frequentar, a disposição da sala era diferente. Cadeiras organizadas em círculo, de forma que era possível ver todas as pessoas. Isso também

---

18 Trabalhadores são os voluntários que atuam nas várias atividades inerentes à Doutrina no Centro Espírita e não recebem salário para isso – passistas, doutrinadores, monitores de cursos, atividades de assistência, dentre outros. Há pessoas que doam algum tempo e seu conhecimento profissional para atender carentes – dentistas, médicos e assim por diante. E há Casas que possuem também funcionários remunerados para as tarefas administrativas, contábeis, conservação, segurança e outras necessárias, como em qualquer instituição da sociedade.

permitia a ela estar mais confortável para participar e se sentir pertencente ao grupo.

Onde ficam os jovens?

E aí a gente entra em outro espaço que existe num Centro Espírita. Quer dizer, em poucos deles: a sala da mocidade ou DIJ (Departamento de Infância e Juventude) para algumas instituições. Graças a essa atividade, o filho de Patrícia também conseguiu ser acolhido e passou a participar das atividades dos jovens no Centro Espírita. Essa é uma das ações mais importantes que uma Casa Espírita pode realizar, já que irá preparar e dar espaço para os futuros trabalhadores daquele local seguirem adiante na missão de divulgar o Espiritismo.

Não precisa ser um lugar de destaque e nem ter regalias, mas que seja um espaço decente, respeitável, acolhedor e promova o pertencimento. Nem sempre é isso o que acontece. Em boa parte dos lugares, a sala destinada aos encontros dos jovens é uma sala comum, como todas as outras, de paredes brancas, lousa e cadeiras de escola. Outros lugares nem têm essa sala disponível e fazem um "puxadinho" quando os jovens querem se reunir.

Conheci um Centro Espírita do interior de São Paulo que reformou uma sala especialmente para os jovens. O trabalho foi feito com uma pesquisa entre eles para saber o que gostariam que tivesse nesse ambiente. As respostas pareceriam um absurdo para a maioria dos dirigentes espíritas, mas não para quem sonhava com um lugar para chamar de seu.

O que os jovens queriam era uma mesa de pingue-pongue, videogame, sofás, pufes, uma parede que pudesse ser riscada de giz, jogos de tabuleiro e instrumentos musicais.

Sabe o que os dirigentes do centro fizeram? Reformaram a sala da mocidade com todos esses elementos! E o resultado não poderia ser diferente. Antes era difícil levar os jovens para o

Centro; tornou-se difícil para os pais conseguir tirá-los de lá. E engana-se quem pensa que a sala proporciona apenas diversão. Ali são realizados estudos, eventos, encontros para fortalecer os laços de amizade e vivenciar o Espiritismo de maneira prática.

O trabalho social

Existe uma coisa que se acha fácil na maioria dos Centros Espíritas do mundo: o trabalho social. Nem sempre ele tem um espaço físico na casa, mas é algo que permeia o Movimento Espírita: a máxima *fora da caridade não há salvação* é peça fundamental na vida de um espírita.

Esse trabalho pode ser de assistência a pessoas em situação de rua, gestantes, comunidades em vulnerabilidade, adictos,[19] entre outros grupos de pessoas em necessidade. Algumas casas têm um trabalho social tão forte que criam uma instituição apenas para dar conta de toda a demanda que surge ao seu redor para receber atendimento.

Uma situação bastante comum, como no caso de Patrícia, são as pessoas que chegam para receberem o auxílio destes trabalhos sociais e, depois de um tempo, tornam-se as próprias trabalhadoras oferecendo o mesmo suporte para outras pessoas. O ciclo de dar e receber auxílio é uma das grandes forças dentro do Espiritismo.

Os elementos imateriais do Centro Espírita

Agora, vamos passar para os elementos imateriais que você pode encontrar num Centro Espírita. São mais subjetivos e pedem uma observação mais atenta para identificá-los.

---
19 Indivíduo que tem dependência química de determinada substância.

Ao adentrar um Centro Espírita, existe grande chance de você notar vozes mais baixas e suaves do que o habitual nas ruas e estabelecimentos. Essa mudança auditiva é bastante perceptível em lugares que buscam passar uma ideia de tranquilidade e serenidade, características que fazem parte da visão que a sociedade tem dos Espíritas.

Enfim, há outro elemento presente em todos os Centros Espíritas (sim, todos, 100%), até porque está presente em todos os lugares: espíritos! Mas não se assuste, isso não quer dizer que você vai ver "gente morta" quando entrar num Centro Espírita. Apenas médiuns que possuem a clarividência é que têm a capacidade de ver espíritos.

Alguns dos espíritos estão ali para serem auxiliados em suas dificuldades, outros estão para auxiliar e alguns ainda estão para aprender, seja nas palestras ou nas salas de aula. Isso significa que continuamos tendo necessidade de aperfeiçoamento no Plano Espiritual e o Centro Espírita é um local que pode auxiliar neste quesito. Agora, se um dia você chegar ao Centro Espírita, ou até se estiver em outro lugar, e enxergar algum espírito, aí vale a pena conversar com alguém deste Centro e pedir orientação, pois você pode ser médium clarividente. Ali será um bom local para começar a lidar com a sua mediunidade.

Em um país tão diverso quanto o Brasil, você certamente encontrará peculiaridades em Centros Espíritas de diferentes regiões que possam não ter sido lembradas aqui. E, se for a algum desses locais e não se sentir pertencente, faça como Patrícia, dê uma segunda chance e procure outra Casa. Eu, particularmente, fiz essa mudança e a experiência foi valiosa. O mais importante é encontrar uma comunidade no Centro Espírita. Precisamos nos sentir acolhidos na Casa de Jesus e quando chegar a nossa vez de receber outras pessoas ali que também saibamos acolhê-las com amor.

Capítulo 9

Obsessão e desobsessão

Em uma memorável noite na Sociedade Espírita Bezerra de Menezes, na Vila Popular, em Olinda, uma história de perseguição e afeição entre o Plano Físico e o Espiritual se desenrolou perante meus olhos. Começou na área de convivência do Centro. Ivanna, uma bela jovem de aproximadamente 19 anos, que chegara com um sorriso contagiante, iluminando a quem cruzasse com seus olhos, desmaiou no chão de areia e barro ainda úmido pela chuva da tarde.

A mãe de Ivanna explicou que ela desmaiava sempre e que os médicos nunca haviam achado a causa. Rapidamente, eu e meus amigos e instrutores Kátia Chacon e Luiz Mário, conduzimos a garota para uma das salas mediúnicas[20] para ser atendida.

Não demorou nem cinco minutos e um espírito se manifestou por intermédio da médium Dona Severina. A entidade espiritual falou de forma firme e gentil, lembrando um educado cavalheiro do início do século XX, em sua eloquência e cortesia, compartilhando sua obstinada ligação com a jovem. Ele descreveu como os pensamentos dela o atraíam, insinuando uma convocação que ia além do visível, uma paixão que se aninhou no Plano Espiritual.

---

20 Local reservado para as sessões de intercâmbio entre o Plano Físico e o Espiritual por meio de ação dos médiuns.

A difícil tarefa daquela sessão mediúnica era clara: ajudar aquele espírito a entender que seu amor, por mais puro que fosse, precisava transformar-se em liberdade para ambos.

O problema da obsessão é real, podendo acontecer com todas as pessoas, não importando a orientação religiosa, idade ou origem cultural. Não estamos isolados em nossa experiência humana. Como atores em uma rede interconectada, nossas mentes estão em constante diálogo com seres de diversas esferas vibracionais.

O convívio com o invisível, portanto, não é algo reservado a sessões mediúnicas ou momentos de excepcional percepção espiritual; ele se estende ao nosso dia a dia, nas alegrias e desafios que permeiam nossa existência. Cada pensamento, cada emoção emite uma frequência que ressoa no Além, encontrando ecos em entidades que se afinam com nosso estado íntimo.

Quando não estamos vibrando em equilíbrio, podemos nos deparar com a obsessão que é a ação persistente ou domínio que alguns espíritos conseguem adquirir sobre certas pessoas. Sempre é praticada por espíritos inferiores, uma vez que a influência que os bons espíritos desejam exercer sobre nós ocorre por meio de conselhos e quando não são ouvidos, retiram-se.

Segundo Allan Kardec, a obsessão sempre decorre de uma imperfeição moral. Pode apresentar características muito diversas, desde influência moral e distúrbios comportamentais, até o desajuste da saúde física ou mental.

Contudo, a obsessão é um processo bilateral que frequentemente se manifesta como uma forma de vingança por parte de um espírito, contra a pessoa obsediada, e a antipatia geralmente origina-se de vínculos existentes entre eles em vidas passadas, seja numa relação de amizade ou afeto ou até de interesses materiais – sócios em negócios e assim por diante.

No livro *Pensamento e Vida*, o Espírito Emmanuel nos orienta:

Não há, por isso, obsessão unilateral. Toda ocorrência dessa espécie se nutre à base de intercâmbio mais ou menos completo.

Por ser uma ação de sintonia múltipla, a obsessão só ocorre porque ainda somos seres humanos imperfeitos, vivendo ainda sob uma influência maior da matéria sobre o espírito e não o contrário. Enquanto ainda vivermos como espíritos imperfeitos, haverá obsessores e obsediados.

Tipos de obsessão

A obsessão pode acontecer de desencarnado para encarnado, de encarnado para desencarnado, de desencarnado para desencarnado e, por mais estranho que possa parecer a alguns, de encarnado para encarnado.

Podemos subdividir a obsessão em três tipos:

- **Obsessão Simples:** quando um espírito se apega à pessoa de forma insistente e perturbadora, causando um desconforto geral. Assim como acontece com um *stalker* do mundo físico, o espírito ocupa boa parte do seu tempo a vigiar, influenciar e tentar prejudicar o objeto de sua ação de obsessão.
- **Fascinação:** o espírito obsessor cria ilusões diretamente na mente da pessoa afetada (pensamentos obsessivos, imagens hipnotizantes, ressentimentos, fantasias e assim por diante). O obsessor age de maneira astuta e hipócrita, fingindo

ter virtude falsa e ser quem ele não é de verdade para exercer mais influência sobre o obsediado.
- **Subjugação:** uma restrição, seja moral ou física, que faz a pessoa afetada agir contra sua vontade.

Desobsessão

A desobsessão é o processo de assistência e cuidado com a obsessão, seus sintomas e origens. Poderíamos também chamar de tratamento, mas é importante lembrar que os beneficiários do processo desobsessivo são todas as partes envolvidas, uma vez que não existe obsessão sem sintonia entre as partes.

As reuniões de desobsessão não têm por objetivo exorcizar espíritos que estejam fazendo mal às pessoas encarnadas. O processo desobsessivo acontece por meio do estabelecimento do equilíbrio dos envolvidos, não raramente promovendo o exercício do perdão, para que o amor, seja ele pelo outro ou por si mesmo, rompa o ciclo negativo de permuta indesejada de energias e pensamentos.

É uma jornada profunda de autodescoberta e libertação, nos convidando a refletir sobre a necessidade imperiosa da reforma íntima, termo que os Espíritas utilizam para um processo de mudança moral que consiste em domar as imperfeições e exercitar as qualidades morais não apenas como resposta ao assédio espiritual, mas como um caminho para a evolução de nossa alma. A reforma íntima dura mais ou menos tempo, com frequência a vida toda, de acordo com o esforço nela empregado. Como mencionado por Allan Kardec em *O Livro dos Médiuns*: "As imperfeições morais do obsediado constituem, frequentemente, um obstáculo à sua libertação". Não podemos esquecer nunca que o maior acontecimento no processo de desobsessão é a transformação moral dos envolvidos.

Os espíritos influenciam em nossa vida?

Allan Kardec, em *O Livro dos Espíritos*, nos provoca a refletir sobre essas conexões invisíveis que transcendem o mundo físico. Logo na questão 459 ele perguntou aos Espíritos Superiores: "Influem os espíritos em nossos pensamentos e em nossos atos?" A resposta foi: "Muito mais do que imaginais. Influem a tal ponto, que, de ordinário, são eles que vos dirigem."

Esta afirmação dos próprios espíritos destaca uma importante reflexão: assim como somos influenciados em nosso mundo por seres vivos, também estamos sob a influência constante de espíritos, que são, em essência, seres humanos desprovidos de seu corpo físico.

Atualmente, vivemos a era da influência, onde cada clique, cada curtida e cada compartilhamento nas redes sociais moldam nossa percepção e, em muitos casos, nossa realidade. A influência digital, aliada ao poder da mídia e outros meios de comunicação, ampliou o espectro de interações humanas, tornando as influências entre as pessoas mais intensas e frequentes do que jamais foram. Neste cenário contemporâneo, onde somos tanto influenciadores quanto influenciados, é natural questionar como essas dinâmicas se estendem para além do tangível.

Assim como em outros tempos, o repertório de informações e conexões que nos impactam são capazes de moldar quem somos, indo além de impressões e emoções. Por essa razão, sabemos que a sintonia com as virtudes, bons pensamentos, programas e relacionamentos influencia significativamente a nossa saúde mental e equilíbrio. É o que acontece no mundo dos encarnados e não poderia deixar de acontecer também nas esferas espirituais que interagem conosco o tempo todo, sem muitas vezes percebermos que isso está acontecendo.

A assertiva de Kardec ressalta que, muitas vezes, sem nos darmos conta, somos guiados por essas entidades espirituais que se afinam com nosso modo de pensar e ser. Isto não deve nos causar espanto, pois se considerarmos nossa realidade sob uma perspectiva mais ampla, perceberemos que estamos sempre em sintonia com aqueles que nos rodeiam, sejam eles encarnados ou não.

Essa troca de influências acontece através das ideias que são compartilhadas, dos exemplos que são seguidos, e mesmo da energia que transmitimos e recebemos.

A crença universal nos espíritos

Lucas era um homem que se orgulhava de sua visão materialista do mundo. Para ele, apenas o que podia ser visto, tocado ou quantificado cientificamente era real. No entanto, havia uma incongruência em sua convicção: Lucas tinha medo do escuro, um medo irracional que o acompanhava desde a infância. Esse temor, que ele tentava ocultar sob camadas de ceticismo, era um indício de sua crença inconsciente na existência de algo além da matéria, algo que o fazia sentir-se vulnerável à ausência de luz.

A história de Lucas não é um caso isolado. Ao longo da história da humanidade, em todas as culturas, encontramos evidências de uma crença inabalável na existência de espíritos e em sua influência sobre o Mundo Material. Desde os antigos textos bíblicos, que narram as interações entre humanos e anjos, até as tradições da Antiguidade, que falam de deuses e espíritos que influenciam diretamente os acontecimentos terrenos, é clara a percepção humana de um Mundo Espiritual ativo. Da infância até os mais poderosos recursos da fé na maturidade humana, a intervenção da espiritualidade na nossa vida está presente.

Anjos da Guarda e amigos imaginários

A ideia de anjos da guarda e amigos imaginários, frequentemente relatados na infância, pode ser interpretada sob a visão espírita como uma manifestação da interação espiritual entre o espírito que acaba de reencarnar e o Mundo Espiritual.

Essas figuras, muitas vezes consideradas como fruto da imaginação infantil, podem representar a presença de espíritos protetores ou familiares desencarnados, guiando e acompanhando os indivíduos em sua jornada terrena.

Orações a Santos: um elo com o Mundo Espiritual

A prática de orar para santos, comum em diversas religiões, também reflete essa conexão intrínseca com o Mundo Espiritual.

Os santos, seres que um dia habitaram a Terra e desencarnaram, são invocados como intercessores, evidenciando a crença na capacidade dos espíritos de influenciar positivamente nossas vidas e auxiliar em momentos de necessidade.

A perspectiva espírita

Allan Kardec, em *O Livro dos Espíritos*, esclarece essa interação, afirmando que os espíritos influenciam nossas vidas de maneira constante, seja por pensamentos e sugestões, seja por laços afetivos que transcendem a morte física. Esse conhecimento foi ainda mais aprofundado por Léon Denis em seu livro *No Invisível*, explicando como os espíritos podem atuar em nosso mundo, como guias e protetores, inspirando-nos para o bem ou, em casos de afinidade com espíritos menos evoluídos, influenciar-nos negativamente.

A jornada de Lucas, de um materialismo superficial a um reconhecimento intuitivo da realidade espiritual, simboliza o despertar para uma verdade fundamental ensinada pelo Espiritismo: estamos constantemente acompanhados e influenciados por espíritos.

Reconhecer essa influência não é uma admissão de fraqueza ou ignorância, mas um passo em direção ao entendimento mais profundo da natureza integrada do Universo, onde matéria e espírito coexistem e interagem de maneira complexa e enriquecedora para nossa evolução.

Caro(a) Explorador(a) do Espiritismo Cristão,

Uma vez que fizemos a introdução desse assunto profundo que é a mediunidade e já acompanhamos algumas histórias, sinto que é hora de falar um pouco para você do que Kardec chamou de Guia dos Médiuns e Evocadores.

O Livro dos Médiuns é a obra básica e essencial para entender os fenômenos mediúnicos, que, como se sabe, são uma realidade na vida humana desde épocas remotas. Nós, que já possuímos o entendimento da dimensão espiritual da vida, precisamos compreender, de forma segura, como a mediunidade funciona para que possamos fazer um bom uso desse dom concedido por Deus, de nos comunicarmos com o mundo espiritual.

Esse livro foi publicado em 1861, como uma continuação de O Livro dos Espíritos. A segunda obra da Codificação Espírita é um verdadeiro manual para explorar e desenvolver a mediunidade, oferecendo uma visão detalhada e prática das comunicações espirituais, de uma forma segura e sem o misticismo que muitas vezes envolve os fenômenos que os tornam incompreensíveis para muitos.

Kardec dividiu o conteúdo da obra em duas partes principais. A primeira parte trata de noções preliminares, onde você aprenderá os fundamentos básicos da mediunidade. Penso que ele usou de muita sabedoria em organizar o livro dessa forma, já que estudar a mediunidade é como aprender uma nova linguagem que nos conecta ao mundo espiritual.

A segunda parte é mais detalhada e explora os diferentes tipos de manifestações espíritas. Kardec explica os diversos tipos de médiuns, suas capacidades e os métodos de comunicação com os espíritos. Ele enfatiza a importância da ética e da pureza de intenções ao praticar a mediunidade, mostrando que essa habilidade é um caminho para servir e aprender, não para satisfazer a curiosidade ou ganhar dinheiro. Em matéria de mediunidade nunca é demais repetir as palavras de Jesus: Vocês receberam de graça; dêem também de graça. Mateus 10:8.

Este livro é um convite para explorar o ainda desconhecido com responsabilidade e amor. A mediunidade não é apenas um fenômeno, mas uma oportunidade de crescimento espiritual e de conexão com o que há de mais elevado.

Querido (a) Explorador (a) do Espiritismo Cristão, que O Livro dos Médiuns o ajude a conhecer o potencial do bom uso desse dom de Deus, quem sabe até a descobrir suas próprias capacidades mediúnicas ou ajudar aqueles que precisam de orientação e para educar-se nesse sentido.

Com todo o meu carinho,

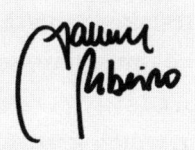

Capítulo 10

Médiuns e mediunidade

Para aprofundar o que escrevi na carta sobre *O Livro dos Médiuns*, é importante saber que, a mediunidade pode se manifestar de diversas formas e em momentos inesperados da vida. Como aconteceu com uma pessoa que convive comigo.

Carolina estava em casa sozinha. Seus pais trabalhavam, e seu irmão estava na aula de judô. O silêncio da casa era perturbador, amplificado pelo som distante da televisão na sala, ligada para dar a sensação de companhia. A garota buscava refúgio na cozinha, na esperança de encontrar chocolate escondido em algum armário.

Naquele dia, o Brasil acompanhava a visita do Papa João Paulo II. A presença daquela importante figura religiosa tocava profundamente o seu coração. Quando fechava os olhos, pensava no Papa apertando a mão das crianças e se lembrava de como tinha aprendido que Jesus era amigo delas.

Contudo, a comoção nacional contrastava com a solidão que Carolina sentia naquele dia. Um aperto no peito, uma sensação diferente das habituais. Enfim, encontrou o chocolate escondido e um sorriso se formou em seu rosto. Mas ao virar de costas novamente para a sala, tomou um susto: viu uma mulher desconhecida sentada à mesa onde a família costumava tomar café da manhã.

Esfregando seus olhos verdes com as costas da mão direita suja de chocolate, Carolina aumentava a fricção juntos aos olhos como se tentasse fazer a mulher desaparecer. Em seu coração tinha a certeza de que não era uma pessoa de carne e osso. Mas a mulher não desapareceu, continuava com os cotovelos na mesa, impassível e com um ar de preocupada.

Um pensamento surgiu: poderia ser uma amiga imaginária? Na escola, algumas crianças relataram ter passado por essa experiência. Mas logo descartou a hipótese. "Por que uma mulher de meia idade seria amiga imaginária de uma garota de 12 anos?"

Saiu da cozinha pisando nas pontas dos pés, os olhos fixos na figura misteriosa. A mulher parecia concentrada, observando as próprias mãos. Carolina sentia um frio na barriga, uma mistura de medo e curiosidade. Quem era aquela mulher? O que ela queria?

Aquela foi a primeira de muitas vezes que Carolina viu um espírito. Durante a adolescência, aprendeu a conviver com essas visões.

Ao longo dos anos seguintes, Carolina presenciou a aparição de outros espíritos. Mas aquela mulher, vista pela primeira vez na cozinha, nunca mais se manifestou.

Alguns espíritos eram apenas vultos, sombras que se moviam pelos cantos dos olhos. Outros eram mais nítidos, com rostos e roupas que ela era capaz de detalhar. Havia aqueles que apenas observavam em silêncio, enquanto outros tentavam se comunicar com Carolina, sussurrando palavras inaudíveis ou gesticulando.

Embora nunca tenha sentido medo ou pavor, Carolina se sentia desconfortável com as aparições. A cada nova experiência, uma sensação de estranhamento a percorria. Era como se um véu se levantasse, revelando um mundo invisível e perturbador.

Com o tempo, Carolina se acostumou com as aparições. Ela aprendeu a lidar com o fato de forma natural, incorporando-o em sua rotina. Apesar do desconforto inicial, ela desenvolveu certa indiferença, como se os espíritos fossem apenas mais uma parte do seu mundo.

Mas, quatro anos depois da primeira visão, a família de Carolina retornava de um baile de carnaval no Recife Antigo. Ao chegar ao seu quarto, a garota deparou-se com um cenário surreal: tudo, das paredes ao teto, estava encharcado. No banheiro, uma corrente de água brotava do chão, sem nenhuma torneira aberta ou cano estourado. A quantidade de água era bem grande.

Seus pais, ao presenciarem a cena, a levaram para a sala. Um silêncio pairava no ar, enquanto a família tentava compreender o inexplicável. Secaram toda aquela água e, no dia seguinte, chamaram o encanador que constatou não haver nenhum vazamento. Foi algo tão forte e impressionante que até hoje a família de Carolina não entra naquele quarto.

Seus pais queriam respostas. Na busca de orientações conversaram com o padre da paróquia de Boa Viagem, em Recife e depois com alguns amigos Espíritas e todos eles, inclusive a igreja, recomendaram a visita ao Centro Espírita Fraternidade Espírita Peixotinho que ficava no bairro.

Lá, Carolina aprendeu que a inundação, ocorrida em seu quarto, foi expressão da mediunidade de efeitos físicos, sendo que fatos como aquele nunca mais ocorreram.

O que é mediunidade?

Mediunidade é uma faculdade humana natural, por meio da qual a Espiritualidade se conecta com as pessoas do nosso mundo. É um instrumento de comunicação entre as duas dimensões da vida: espiritual e material.

Para o Espiritismo, a mediunidade é um assunto muito sério e nada tem a ver com crendices, mágicas, rituais ou superstições. Além disso, por ser uma faculdade natural não é e nem deve ser usada como um meio de vida. Se algum médium cobrar, de qualquer maneira, seja por meio de presentes, dinheiro ou favores, para fazer uso de sua mediunidade, ele não está seguindo os ensinamentos do Espiritismo.

É importante saber também que não existe nada de sobrenatural nos fenômenos mediúnicos e que as manifestações mediúnicas não são fatos recentes que surgiram com o Espiritismo, em 1857. Allan Kardec, em *O Livro dos Médiuns,* contextualiza-a como uma capacidade presente em diversas culturas antigas. Por exemplo, na Grécia Antiga, os oráculos, como o de Delfos, eram considerados médiuns, interpretando mensagens dos deuses. No Egito e na Mesopotâmia, os sacerdotes frequentemente exerciam funções mediúnicas em rituais e na comunicação com entidades espirituais. Nas culturas africanas da Antiguidade é muito comum a comunicação com os espíritos por meio de médiuns.

O que são médiuns?

Os médiuns receberam o dom de serem intérpretes dos espíritos para que os homens possam ser instruídos, sigam o caminho do bem e fortaleçam a fé. Por ser um dom gratuito e não uma arte, nem um talento, reiteramos que um médium nunca deve cobrar pelo uso de sua mediunidade. Ser médium não é uma profissão. Relembremos o que Kardec nos informa:

Todo aquele que sente, num grau qualquer, a influência dos espíritos é, por esse fato, médium. Essa faculdade é inerente ao homem; não constitui, portanto, um privilégio exclusivo. Por isso mesmo, raras são as pessoas que dela não possuam alguns rudimentos. Pode, pois, dizer-se que todos são, mais ou menos, médiuns.

Apesar de sabermos que todas as pessoas são médiuns em um grau menor ou maior de mediunidade, é comum que sejam assim chamadas apenas aquelas pessoas nas quais essa faculdade se revela de forma mais acentuada e visível.

Carolina, por exemplo, possui alguns tipos de mediunidade que já foram muito estudadas por pesquisadores. Mas, pela própria definição de Kardec, mesmo que você nunca tenha visto ninguém na cozinha da sua casa enquanto estava procurando uma guloseima quando era criança, você já deve ter pensado: "será que eu também sou médium?" Talvez sim. Mesmo que ainda não saiba.

Então, apenas para reforçar o que dissemos, lembre-se que a mediunidade nos conecta com a verdadeira natureza da vida que é a espiritual. É uma ferramenta de comunicação que se desenvolve de forma espontânea nas pessoas de maior sensibilidade. Não é por acaso que as crianças relatam aos pais a presença de espíritos e não raro transmitem mensagens de familiares que já se foram, frequentemente sem nunca ter conhecido ou convivido com essas pessoas.

Existem diversos tipos de mediunidade, e algumas delas são mais populares e conhecidas do público em geral.

Mediunidade de efeitos físicos

Essa mediunidade é mais conhecida por produzir fenômenos materiais como pancadas, barulhos e movimentação de objetos. Geralmente, os filmes de ficção se utilizam da simulação de alguns desses fenômenos para construir a narrativa de casas mal-assombradas, a levitação e aparição de objetos.

Semelhante ao que aconteceu no apartamento da família de Carolina e nas materializações de espíritos como as que ocorreram na casa da Anna Prado. A manifestação de elementos naturais e aparições tangíveis de espíritos e objetos manipulados por eles, a partir da Espiritualidade também são fenômenos de efeitos físicos.

Allan Kardec analisou a mediunidade de efeitos físicos como uma das mais concretas demonstrações da influência espiritual no mundo físico. Foi por meio desses fenômenos que muitos estudiosos e cientistas se aproximaram da mediunidade e passaram a estudá-la com seriedade.

Os médiuns de efeitos físicos podem ser facultativos ou involuntários. Como as próprias palavras dizem, os primeiros provocam os fenômenos espíritas por meio de sua vontade, já os segundos, muitas vezes nem sabem que são os provocadores dos fenômenos que ocorrem à sua volta.

Mediunidade de psicografia

É a escrita realizada por médiuns ditadas por espíritos desencarnados. A psicografia pode ser recebida pelo médium de três maneiras diferentes: mecânica, semimecânica e intuitiva.

- Na **psicografia mecânica** o espírito assume a mão do médium e o deixa sem controle da mensagem que está sendo escrita.
- No caso da **semimecânica** o espírito conduz a mão do médium mecanicamente, mas, enquanto escreve, ele sabe quais são os pensamentos do espírito e guarda noção sobre o que está sendo escrito.
- Na **psicografia intuitiva** o espírito dita o que deve ser escrito por meio da intuição. O médium tem o controle de suas mãos e total lucidez sobre as ideias e pensamento do espírito comunicante.

Historicamente, a psicografia ganhou notoriedade com Allan Kardec, que para organizar a Codificação Espírita, utilizou mensagens psicografadas por vários médiuns do mundo inteiro. Desde então, médiuns de diversas partes do planeta têm contribuído para o acervo de conhecimentos espíritas por meio de obras que enriquecem a Doutrina Espírita.

Um dos casos mais emblemáticos é o de Chico Xavier, que psicografou mais de 450 obras, atribuídas a diversos espíritos, especialmente Emmanuel. Seus livros, que abrangem mensagens evangélicas, poesias e até romances históricos, já foram lidos por milhões de pessoas ao redor do mundo, oferecendo conhecimento sobre a vida após a morte, conforto, esperança e diretrizes para a vida.

Outro exemplo notável é o de Divaldo Pereira Franco, médium baiano, conhecido principalmente pelas obras de Espíritos como Joanna de Ângelis e Manoel Philomeno de Miranda, dentre outros. Suas obras, ricas em sabedoria e de grande profundidade, contribuem significativamente para a literatura espírita contemporânea.[21]

Mediunidade de psicofonia

É a faculdade que permite aos espíritos, transmitirem mensagens e se comunicarem com o Plano Material. Os médiuns emprestam suas vozes para a comunicação espiritual. É o tipo

---

21 Além das obras psicografadas, há inúmeras que são escritas por estudiosos da Doutrina Espírita, também valiosos recursos de conhecimento sobre a Doutrina. As psicografadas trazem na capa a autoria do espírito e do (a) médium. As demais trazem somente o nome do autor encarnado. Para saber se são obras idôneas, é importante ter o conhecimento básico sobre a Doutrina que a Codificação oferece.

de mediunidade mais vista nas instituições espíritas. Conforme o *Livro dos Médiuns:*

O médium falante[22] geralmente se exprime sem ter consciência do que diz e muitas vezes diz coisas completamente estranhas às suas ideias habituais, aos seus conhecimentos e, até, fora do alcance de sua inteligência.

Acrescenta que: "Embora se ache perfeitamente acordado e em estado normal, raramente guarda lembrança do que diz. Em suma, nele, a palavra é um instrumento de que se serve o espírito, com o qual uma terceira pessoa pode comunicar-se, como pode com o auxílio de um médium audiente. Nem sempre, porém, é tão completa a passividade do médium falante. Alguns há que têm a intuição do que dizem, no momento mesmo em que pronunciam as palavras".

A mediunidade de psicofonia pode ser de dois tipos: consciente e inconsciente.

- **Psicofonia consciente:** O médium tem plena consciência sobre o que está acontecendo ao seu redor durante a comunicação mediúnica, sem se desligar mentalmente do espírito comunicante; é capaz de fiscalizar a comunicação, controlando gestos e palavras do espírito. Esse tipo de comunicação facilita de alguma forma a intervenção do médium na mensagem do espírito, chamada interferência anímica.

- **Psicofonia inconsciente:** O médium não tem consciência do que está acontecendo à sua volta enquanto recebe a comunicação. O espírito comunicante age diretamente

---

22 Assim eram chamados os médiuns de psicofonia na época de Allan Kardec.

sobre o aparelho fonador do médium, e este fala sem ter consciência. Ao recobrar a consciência, o médium nada se lembra do que falou. Essa mediunidade é rara.

Mediunidade de vidência

Esta faculdade permite ao médium ver espíritos ou ter visões relacionadas ao Plano Espiritual, que acontecem, pelos olhos materiais; na realidade é a alma que vê, por isso eles continuam enxergando mesmo se seus olhos estiverem fechados. No filme *Divaldo, o mensageiro da paz*, uma cena ilustra esse tipo de mediunidade. O médium baiano, ainda jovem, começa a ver espíritos no trabalho e confunde-os com pessoas encarnadas, chegando até a oferecer atendimento aos desencarnados.

Mediunidade de cura

É o tipo de mediunidade de certas pessoas que têm a capacidade de curar pelo toque, gesto ou intenção, sem usar qualquer medicamento como recurso. Há diferentes tipos de mediunidade de cura: o médium passista, o médium receitista e até o médium operador ou cirurgião. Essa última, não raramente, é acompanhada por fenômenos de efeitos físicos, já que a cura e as chamadas operações espirituais fazem parte dessa classificação mediúnica.

Essa mediunidade ficou muito conhecida pelos relatos bíblicos de curas de Jesus e seus discípulos. Em especial os chamados milagres messiânicos que serviram para Jesus sinalizar ao povo judeu que o Messias estava entre eles. Antes de concluir essa descrição da mediunidade de cura, conheçamos esse aspecto da vida de Jesus:

Jesus e os milagres messiânicos[23]

"Então os olhos dos cegos serão abertos, e os ouvidos dos surdos se abrirão. Então os coxos saltarão como cervos, e a língua dos mudos cantará: porque águas arrebentarão no deserto e ribeiros no ermo. E a terra seca se transformará em tanques, e a terra sedenta em mananciais de águas; e nas habitações em que jaziam os chacais haverá erva com canas e juncos" (Isaías 35:5-7).

Algum tempo antes do nascimento de Jesus, os rabinos antigos classificaram os milagres em duas categorias. A primeira consistia em milagres que uma pessoa poderia realizar se fosse capacitada pelo Espírito Santo para fazê-lo. A segunda categoria, conhecida como milagres messiânicos, incluía milagres que apenas o Messias poderia realizar. Esses milagres messiânicos foram identificados com base na descrição de Isaías 35:5-6, que com o objetivo de orientar os rabinos a identificarem a chegada do Messias, descreviam suas características de maneira inconfundível.

Jesus realizou milagres em ambas as categorias: tanto milagres gerais quanto milagres messiânicos. Assim que Ele realizou o primeiro milagre dessa natureza, mesmo aqueles que o rejeitaram, sabiam que estavam diante Dele.

Ele certamente realizou centenas desses, no entanto somente quatro receberam essa denominação: a cura do leproso judeu; a expulsão de um demônio mudo; a cura de um homem nascido cego; a ressurreição de Lázaro.

---

23 Extraído de: https://shemaysrael.com/os-tres-milagres-messianicos/

Como disse João nas últimas palavras de seu Evangelho: Jesus fez também muitas outras. Se cada uma delas fosse escrita, penso que nem mesmo no mundo inteiro haveria espaço suficiente para os livros que seriam escritos.

O fato de apenas quatro chegarem até o nosso conhecimento tem a ver também com intervenções que a *Bíblia* sofreu ao longo dos séculos para acomodar interesses e interpretações de quem estivesse no poder. É uma discussão teológica e histórica bastante complexa, então não vamos nos deter nesse ponto aqui no livro. Há extensa literatura que você pode pesquisar posteriormente, caso assim o queira.

Mediunidade com Jesus

A mediunidade não é um privilégio dos Espíritas, muito menos de qualquer grupo ou povo, como explicou Allan Kardec em *O Livro dos Médiuns*. Contudo, a Doutrina Espírita possui uma grande quantidade de estudos e informações teóricas e experimentais que apoiam o médium a compreender melhor os fenômenos, educando sua mediunidade.

Dessa forma, poderá oferecer aos espíritos a melhor ferramenta para a comunicação ao estudar e se preparar para fazer bom uso da mediunidade, longe de crendices, rituais e misticismo que historicamente cercaram a prática mediúnica.

Compreender melhor os mecanismos da mediunidade, estudando e praticando de forma orientada, foi o caminho escolhido por Carolina. Após mudar-se para a cidade de São Paulo, estudou alguns anos na Federação Espírita do Estado de São Paulo, e se tornou uma médium ativa em um Centro Espírita bem orientado da Zona Oeste.

Sua jornada de aprendizado, que foi do medo até a compreensão e prática mediúnica saudável, ressalta a importância do conhecimento e do compromisso no desenvolvimento das faculdades que lhe são próprias, preparando o médium para servir a Jesus por meio de sua mediunidade.

Um caso curioso: a carta psicografada que ajudou a desvendar um crime

Em maio de 1976, o garoto Maurício, de 15 anos, morreu após ter sido atingido por um tiro disparado por seu melhor amigo, José Divino, de 18 anos. A arma disparada pertencia ao pai de José.

O desenrolar desse caso tomou um rumo extraordinário quando um elemento inesperado surgiu: uma carta psicografada pelo médium Chico Xavier. A carta, atribuída ao espírito de Maurício, detalhou as circunstâncias acidentais de sua morte, absolvendo José Divino de qualquer intenção maliciosa. O jovem Maurício, através das palavras de Chico, clamava pela libertação de seu amigo da culpa e das correntes judiciais que o prendiam.

A inclusão dessa carta no processo judicial foi um ato sem precedentes, abrindo um debate sobre a interseção entre crenças espirituais e a lei. A decisão de aceitar a carta psicografada como evidência demonstrou uma abertura notável do Sistema Judiciário para considerar aspectos além da materialidade convencional, desafiando as normas estabelecidas de evidência e prova.

Este caso não apenas absolveu José Divino Nunes, liberando-o das acusações que pesavam sobre ele, mas também iluminou a potencial conexão entre os mundos material e espiritual.[24]

---

24 Este não foi o único caso. Embora não sejam frequentes, há outros que podem ser pesquisados online, geralmente com grande repercussão nas mídias.

Capítulo 11

O passe

João Caetano nunca havia ido a um Centro Espírita antes. Naquele dia, ele estava apenas acompanhando sua tia, uma frequentadora assídua, que tinha realizado uma cirurgia e não podia dirigir. No final, enquanto ela se perdia em conversas animadas com as amigas, João, distraído, acabou entrando sem querer na fila do passe e quando percebeu uma senhora lhe deu uma ficha que ele não conseguiu recusar. As pessoas entravam de cinco em cinco. Fez as contas de cabeça e percebeu que sua vez já seria a próxima.

Começou a ficar apreensivo porque notou que a sala estava um pouco escura. "Como será isso? Será que vou ver ou falar com espíritos?", pensou. Um misto de curiosidade e medo tomou conta dele. "Será que vão me colocar algum espírito no corpo ou fazer alguma feitiçaria comigo?" A cada passo que dava na fila, ele imaginava cenários dignos de um filme de ficção ou suspense. Quando finalmente chegou a sua vez, ele fechou os olhos, esperando qualquer coisa, menos a sensação suave e tranquilizadora que o envolveu quando uma garota de cabelos vermelhos e olhar sereno tocou de leve o seu ombro, certamente percebendo sua apreensão, e disse a ele: "Pense em Jesus".

A sala de passe, ao contrário das suposições de João, é um lugar de oração onde trabalhadores do Centro Espírita trabalham na transferência de energias curativas, espirituais ou magnéticas, com o objetivo de equilibrar e harmonizar quem o recebe.

Como disse Herculano Pires: "O passe espírita é simplesmente a imposição das mãos, usada e ensinada por Jesus como se vê nos Evangelhos. Origina-se das práticas de cura do Cristianismo Primitivo."

As curas promovidas pelo Cristo, além de serem as passagens mais emocionantes dos Evangelhos, ajudaram aqueles que tinham *olhos de ver* a identificá-lo como o Messias. A cura do leproso, por exemplo. Apenas o Messias tinha o poder de curar a lepra.[25] Ao fazer isso, Jesus se apresentava ao mundo oficialmente, embora tenha pedido ao homem que foi curado que não contasse o que havia acontecido a ninguém.

O passe é uma transfusão de energias salutares vindas do Plano Espiritual e transferidas do médium para a pessoa que o busca. É chamado de **magnético** quando é transmitido através do médium e **espiritual**, quando os espíritos transmitem essas energias diretamente, sem o concurso humano. Em nenhum dos casos as pessoas que estão recebendo o passe enxergam os espíritos na sala, a não ser que sejam médiuns videntes. É um trabalho simples, que tem por objetivo promover harmonia e cura. Não existe nada de mágico ou sobrenatural no passe ou na imposição de mãos.

O Espiritismo desmistificou as crendices que envolviam as práticas de cura que nasceram nas civilizações primitivas como um elemento de magia. Para a Doutrina Espírita não há mágica no magnetismo e na permuta de fluidos e energias. Por essa razão, não existe necessidade de toque físico ou qualquer tipo de ritual ou prática externa para que a aplicação do passe alcance o seu objetivo curador.

---

25 Só recentemente a lepra passou a ser curada com tratamento a base de antibióticos e outros medicamentos, passando a ser conhecida por seu nome científico – hanseníase. Até meados do século XX, os doentes eram segregados da sociedade, recebiam tratamento paliativo até o fim de suas vidas, quando acolhidos em instituições próprias para tal.

Ao abrir os olhos após o passe, João se sentiu mais leve. Curioso como o medo que ele sentiu antes de entrar na sala havia desaparecido. Agora, se sentia relaxado. Como se tivesse saído das nuvens. "Bem que minha tia disse que eu ia gostar", pensou ele, sorrindo e se lembrando do estudo do Evangelho que precedeu o passe: "As Curas de Jesus".

Nas palavras do palestrante da noite do Grupo Peixotinho, Sr. Humberto: "O Cristo conhecia o passado daqueles que o buscavam. Sabia que pelas Leis sábias da Justiça Divina, o sofrimento não erra de endereço, contudo, por meio de sua misericórdia, mesmo assim curava aquelas pessoas cheias de imperfeições, pensando no que elas se tornariam no futuro."

João pensou se ele um dia seria também capaz de curar. Lembrou da voz doce que lhe disse na sala de passe: "pense em Jesus" e seu coração elaborou que até aquele dia nunca tinha pensado na imagem do Cristo diante dele, olhando para os seus olhos. Naquele momento, percebeu que Jesus estava por perto, ele que sempre imaginou a Sua figura como alguém distante e inacessível. Uma lágrima lhe desceu pelo rosto e orou o Pai Nosso.

Capítulo 12

Laços familiares

A reencarnação não erra de endereço. A família de sangue, aquela com a qual nascemos e crescemos, tem um papel fundamental em nossas vidas. É com ela que experimentamos nossos primeiros laços de amor, carinho e aprendizado.

No contexto espiritual, essa família é mais do que uma coincidência ou um acaso do destino; é uma escolha feita antes de nossa reencarnação. Esses laços consanguíneos carregam lições valiosas e oportunidades únicas para o nosso desenvolvimento pessoal e espiritual.

Allan Kardec, em *O Livro dos Espíritos*, nos convida a refletir sobre o verdadeiro significado dos laços familiares, mostrando que, por trás da simplicidade dos vínculos consanguíneos, existem conexões espirituais profundas. Cada membro da família, com suas características e desafios, contribui de maneira significativa para o crescimento mútuo. Assim, até em meio a desentendimentos e conflitos a família representa um campo fértil para a prática do amor, da paciência e da tolerância.

Contudo, no Espiritismo, também reconhecemos a existência de famílias espirituais. Essas são as almas com as quais temos afinidades profundas, que muitas vezes se manifestam em nossas vidas como amigos ou mentores. Eles podem ou não ser parte de nossa família de sangue, mas o vínculo espiritual que compartilhamos é igualmente valioso.

A reencarnação nos coloca intencionalmente em famílias com as quais temos questões dolorosas do passado ou lições a aprender. Por isso, é comum encontrarmos desafios dentro do ambiente familiar que são oportunidades disfarçadas para a reconciliação e o crescimento espiritual. Ao enfrentá-los, temos a chance de curar feridas antigas e fortalecer nossos laços de amor e compreensão.

Desafetos se reaproximam como familiares para se conectarem pelos vínculos do amor. Contudo, não raramente, as impressões e vivências do passado, guardadas nas memórias da alma eterna, assumem a dinâmica da relação, somando aos laços consanguíneos o peso da antipatia gratuita e do distanciamento da afinidade espiritual.

A psicologia moderna complementa essa visão, iluminando como nossas interações familiares moldam nossa personalidade e comportamento. Ela nos mostra que resolver conflitos familiares e entender nossas relações não é apenas uma questão espiritual, mas também um caminho para o bem-estar emocional e psicológico.

A família é o campo de experimento espiritual mais desafiador da vida humana, por causa de sua capacidade de provocar vivências intensas, ora de alegrias, ora de sofrimento.

Quando eu conheci a história de Dona Clara, uma senhora de olhos gentis e sorriso caloroso, ela enfrentava um desafio que a deixava profundamente intrigada e entristecida: a distância emocional de seus dois filhos, Ana e João, que só a procuravam quando precisavam de algum favor e entre si, os irmãos mal se falavam. Ela passou alguns anos tentando entender o real motivo desse afastamento, se questionando sobre o que poderia ter feito de diferente para não ter que conviver com essa dor. Para ela, a família deveria se suportar, não importa o tamanho do problema.

Enquanto isso, em seu círculo de amigos e colegas, Dona Clara encontrava o carinho e apoio que lhe eram escassos em casa. Um dia, ao ler uma mensagem do Espírito Emmanuel sobre laços espirituais, Dona Clara se maravilhou com a Doutrina Espírita e começou a entender que os laços familiares vão além da consanguinidade. Essa nova perspectiva trouxe paz ao seu coração. Ela entendeu que cada pessoa em sua vida, seja de sua família de sangue ou família espiritual, tinha um papel específico em sua jornada aqui na Terra.

A vida de Dona Clara é um exemplo vivo da frase dita por Chico Xavier: "na reencarnação ninguém erra de endereço". É uma lembrança de que nossas famílias, tanto as de sangue quanto as espirituais, são escolhidas com um propósito maior, que transcende a mera proximidade física ou a casualidade. Dona Clara, ao longo da vida, descobriu que suas experiências familiares não estavam ligadas a um endereço específico ou a laços consanguíneos. Em vez disso, estavam intrinsecamente ligadas a uma jornada espiritual mais profunda, repleta de lições a serem aprendidas e compartilhadas. A família é uma escola de espiritualização e evolução humana.

Nossas conexões de amizade e afinidade são mais complexas do que imaginamos. Assim como Dona Clara, nossos laços familiares são entrelaçados na linha do tempo da eternidade, obedecendo às leis do amor e da justiça divina. Enquanto alguns laços são formados pelo sangue, outros são forjados pelo espírito ao longo de suas vidas sucessivas. E em cada relação, seja harmoniosa ou desafiadora, existe uma oportunidade de crescimento e aprendizado.

Cada membro da família, independentemente da natureza do vínculo, é um companheiro de jornada. São almas que, de uma forma ou de outra, contribuem para o mútuo desenvolvimento espiritual e emocional, desempenhando papéis essenciais na evolução e plenitude de cada um.

No final das contas, a história de Dona Clara é um lembrete de que o amor, a compreensão e o perdão são os verdadeiros laços que unem as almas, não importando se essas almas compartilham o mesmo sangue ou habitam o mesmo lar. É uma jornada de descobertas, reconciliações e, acima de tudo, de amor incondicional.

Capítulo 13

Reencarnação

Rodrigo e Cristina eram um casal de médicos que compartilhavam uma sintonia única, perceptível até quando discordavam sobre viagens ou políticas públicas. Seu amor era a consequência natural de uma conexão profunda que começou a se formar desde o momento em que se conheceram em uma fila de um voo de Curitiba para Brasília. Quando Bento veio ao mundo, havia um consenso claro entre eles sobre a educação que dariam ao filho, priorizando uma infância feliz e comum, distante das pressões de uma sociedade obcecada por prodígios infantis. No entanto, Bento surpreendeu a todos ao mostrar habilidades notáveis para tocar piano e falar alemão, talento e idioma que nunca lhe foram ensinados. Isso levou Rodrigo a uma jornada de descobertas sobre a reencarnação, um conceito presente em várias culturas e religiões ao longo da história.

A reencarnação, como conhecemos hoje, tem suas raízes em tradições milenares. Na Grécia Antiga, por exemplo, figuras como Platão já falavam em uma alma imortal sujeita a várias encarnações no mundo. Essa crença também era característica das religiões asiáticas como Hinduísmo, Budismo, Jainismo e Sikhismo, todas originadas na Índia, onde a reencarnação está intimamente ligada ao que eles chamam lei do Karma, a ideia de que as ações desta vida influenciam a próxima. Hoje é explicada pelo Espiritismo como uma lei natural que obedece ao princípio da ação e reação que rege o Universo.

No judaísmo, especialmente na Cabala, a reencarnação também é ensinada pelos sábios há muitos séculos. Como Isaac

Luria, um importante cabalista do século XVI, que introduziu o conceito de *gilgul* (ciclo) de *neshamot* (almas), sugerindo a ideia de um ciclo contínuo de almas. Essa noção reflete a crença em uma jornada espiritual da alma que transcende uma única vida.

Rodrigo, ao aprofundar-se nessas crenças e tradições, começou a ver as habilidades de Bento sob uma nova perspectiva, considerando que seu filho pudesse estar manifestando dons de uma existência passada. Esse entendimento trouxe a Rodrigo e Cristina uma nova compreensão sobre a vida e a morte, abrindo-se para a possibilidade de que nossa existência contém mistérios ainda não totalmente compreendidos.

Em 1966, o médico psiquiatra e pesquisador, professor da Universidade de Virgínia, Ian Stevenson, lançou o livro *20 Casos Sugestivos de Reencarnação*, que foi publicado no Brasil em 1971. Ele estudou cerca de duzentos casos que ocorreram ao redor do mundo, inclusive no Brasil, e que sugerem a reencarnação. A maioria deles provenientes de crianças que relataram lembranças de sua vida passada, investigadas por Stevenson e outros pesquisadores que, *in loco,* entrevistaram pessoas e consolidaram informações preciosas de casos que qualquer outra teoria não explicaria.

Este entrelaçamento de crenças e ideias sobre a reencarnação, desde a antiguidade até os tempos modernos, proporciona um pano de fundo rico para a história de Bento. Sua habilidade inata para tocar piano e falar alemão pode ser vista como um eco de experiências de vidas passadas, desafiando as percepções convencionais sobre a aprendizagem e o desenvolvimento humano.

Através de Bento, Rodrigo e Cristina encontraram nova forma de entender a vida, reconhecendo a possibilidade de que cada pessoa carregue consigo uma história mais profunda que se estende além dos limites da vida atual. A jornada de Bento é, portanto, convite para refletir sobre as maravilhas da vida humana, a continuidade da alma e o imenso encadeamento das experiências humanas que abrange vidas além da que conhecemos.

A Doutrina Espírita, nascida da obra de Allan Kardec no século XIX, consagra a reencarnação como um de seus princípios basilares, postulando-a não apenas como um simples dogma de fé, mas como uma verdade incontestável.

No coração do Espiritismo a reencarnação é entendida como um mecanismo essencial de evolução espiritual. Segundo essa Doutrina, nossas almas, imortais e em constante aprimoramento, atravessam múltiplas existências físicas em busca de aprendizado e crescimento moral. O intuito é chegar ao grau de perfeição, ao encontro da iluminação espiritual.

Na interpretação espírita, a reencarnação traz consigo a promessa da justiça divina. As desigualdades sociais e econômicas, os contrastes de saúde e de oportunidades, tudo ganha uma explicação mais profunda, mais compreensiva, à luz da reencarnação. Aquilo que parece injusto ou inexplicável em uma única vida encontra sua razão de ser na perspectiva das sucessivas existências.

Aqui reside o conceito de "lei do retorno", onde cada ação, cada escolha feita, carrega consigo alguma consequência que o espírito vivenciará no futuro. Desta forma, as situações que enfrentamos hoje são o resultado de nossas ações passadas, e as ações de hoje moldam o cenário de nossas vidas futuras. Este é o mecanismo pelo qual as almas se purificam e se aprimoram, num ciclo infindável de morte e renascimento.

A reencarnação não é apenas uma crença espírita, mas uma realidade comprovada por uma série de evidências. O Espiritismo valoriza o conhecimento científico e a investigação empírica. Por isso, diversos casos de lembranças de vidas passadas, relatados e validados por meio de pesquisas meticulosas, dão suporte à ideia da reencarnação. Esses casos, recolhidos de diferentes partes do mundo, representam crianças que recordam detalhes incríveis de vidas passadas, detalhes estes que, se mostram verdadeiros quando investigados.

No Espiritismo, encontramos uma visão de mundo onde a vida não se restringe a uma única existência corpórea, mas se estende para além do véu da morte. A morte, que chamamos de desencarne, é vista não como um fim, mas como uma transição, um retorno à verdadeira vida no Plano Espiritual. E a reencarnação é a ponte que permite à alma voltar à Terra para continuar seu processo de evolução.

Finalmente, é preciso lembrar que a Doutrina Espírita também encontra suporte para a reencarnação nas *Escrituras Sagradas*. A *Bíblia*, em diversas passagens, sugere a realidade da reencarnação. Para o Espiritismo, esses textos apontam que a ideia de múltiplas vidas não é estranha ao pensamento cristão.

Portanto, dentro da Doutrina Espírita, a reencarnação é mais do que uma possibilidade ou uma crença é uma verdade incontestável, apoiada por uma série de evidências e integrada a uma visão de mundo onde a Justiça Divina e a evolução do espírito são valores fundamentais. É, sem dúvida, um conceito poderoso e consolador, que oferece uma nova perspectiva sobre a vida, a morte e o propósito da existência humana.

Capítulo 14

O verdadeiro Espírita

Quando eu li a primeira vez um texto intitulado *Os Bons Espíritas* do livro *O Evangelho Segundo o Espiritismo*, explicando também o que seriam os Espíritas Imperfeitos, refleti que a Doutrina Espírita, apesar de não impor nenhum tipo de obrigação, rituais e proibições consideradas sagradas, apresentava uma proposta interessante de autoavaliação moral. Perguntei a mim mesmo: "como eu posso me tornar um bom Espírita?" E a resposta veio quando e de quem eu menos esperava.

Era uma tarde de domingo quente em Recife. Naquele dia eu estava muito animado para ver, novamente, um dos melhores oradores espíritas do Brasil. Apesar da minha pouca idade, dezessete anos, já tinha assistido inúmeras palestras doutrinárias, incluindo as fabulosas falas que foram destaques do Congresso Internacional de Espiritismo, em Brasília.

Preparei-me cuidadosamente para ir à Federação Espírita Pernambucana, que fica no bairro da Encruzilhada, em Recife. Coloquei uma roupa especial, fiz uma prece e me dirigi para o ponto de ônibus. A comunidade espírita pernambucana estava em festa. O conferencista fluminense Raul Teixeira falaria para um grande público naquele dia. Ao longo do caminho, só pensava em sentar nos primeiros lugares, para poder olhar de perto aqueles olhos verdes penetrantes de Raul e absorver tudo que ele tinha para ensinar.

O sonho da minha vida era ser igual ao Raul. Estudar a Doutrina Espírita cada vez mais para que eu pudesse compreender e aprender o máximo possível da sua mensagem. Assim eu poderia mudar a vida das pessoas, consolar os aflitos, gritar para o mundo que a morte não existe e que estamos nesse mundo para aprender e amar.

A única coisa que eu não esperava ouvir de Raul naquela palestra foi uma frase que me fez refletir profundamente sobre as minhas escolhas espirituais. Ele disse: *ser Espírita não é para quem quer, mas para quem aguenta*. E após alguns minutos com a mente em looping, refletindo sobre o que ele falou, pensei: "ele tem razão".

Como se reconhece o Verdadeiro Espírita? Em alguns momentos oportunos, Allan Kardec lançou luzes sobre essa reflexão. No capítulo XVII, item quatro do livro *O Evangelho Segundo o Espiritismo*, ele resumiu de forma brilhante:

Reconhece-se o verdadeiro espírita pela sua
transformação moral e pelos esforços que
emprega para domar suas más inclinações.

Dessa forma, em apenas uma frase, nos ensinou que ser Espírita é muito mais uma tarefa de autoconhecimento e comprometimento em ser melhor hoje do que se foi ontem, bem como nos libertou da possibilidade de nos tornarmos hipócritas ou simuladores de uma moral ainda fictícia, abraçando a nossa imperfeição como Jesus sempre fez com as pessoas com as quais conviveu.

Com base nessa assertiva, pode-se pensar que ser Espírita parece fácil, uma vez que não é preciso manter uma moral aparente por meio de obrigações. Mas na verdade é muito difícil ser Espírita. Não que seja necessário algum tipo de iniciação especial ou que seja obrigatória qualquer tarefa ou ritual para que alguém possa se identificar como tal. Quando alguém diz que é difícil ser Espírita está se referindo à vivência do conhecimento que a Doutrina proporciona a quem a estuda e a compreende em sua essência.

No Evangelho, Jesus nos alertou sobre a responsabilidade daqueles que muito receberam da vida: *A quem muito foi dado, muito será exigido; e a quem muito foi confiado, muito mais será pedido* (*Lucas* 12:48). O "muito" a qual nos referimos é também mencionado em outra passagem, na Parábola de Lázaro e o Homem Rico, quando este último, ao chegar ao Mundo Espiritual, pede para que Abraão envie o espírito de Lázaro até a sua casa para alertar os seus irmãos sobre o que precisavam fazer para não sofrerem após a morte. Naquele momento o pedido não foi concedido, mas podemos dizer que dezenove séculos após essa parábola ser contada por Jesus, os espíritos se manifestaram em massa para nos orientar sobre o que precisamos saber sobre o Mundo Espiritual.

A resposta ao pedido do homem rico não chegou para a sua família, mas chegou para nós. Ter conhecimento sobre isso nos proporciona a vantagem de saber como devemos levar a nossa vida agora para que a vida futura seja bem-aventurada. A questão é que nem sempre agimos de acordo com o nosso conhecimento. Então, para as ações de quem sabe o que deveria ser feito, a Justiça Divina olha de uma forma mais dura. Como ensinou Jesus.

Ao saber também da realidade da vida após a morte, nos damos conta de que em Efésios 6:12, Paulo nos alerta de uma complexidade espiritual presente em nossa vida e em nossos enfrentamentos nesse mundo:

Pois a nossa luta não é contra sangue e carne, mas contra os poderes e as autoridades, contra os dominadores deste mundo de trevas e contra as forças espirituais do mal nas regiões celestiais.

O Espírita é alguém em processo permanente pela própria transformação moral, elevação espiritual e renovação mental, com vistas à perfeição que a todos nos acena e espera.

No coração da Doutrina Espírita encontramos uma jornada não apenas de entendimento sobre a vida após a morte, mas, fundamentalmente, de transformação pessoal e moral. "O Verdadeiro Espírita" é, assim, aquele que se dedica não somente a compreender os fenômenos espíritas, mas a viver de acordo com os mais elevados padrões de moralidade. Essa busca nos remete a uma antiga questão, explorada tanto por filósofos quanto por mestres espirituais ao longo da história: o que significa viver uma vida virtuosa?

Em *Nosso Lar*,[26] clássico da literatura espírita psicografado por Chico Xavier, André Luiz revela as consequências do estilo de vida que manteve na Terra, ao chegar ao Mundo Espiritual. Enquanto desvenda sua nova realidade, André descobre que, embora não tenha sido uma pessoa má por definição terrena, as escolhas que fez, orientadas por uma moral não alinhada às leis universais, delinearam seu percurso após a morte. Este relato não apenas serve como uma introdução poderosa ao Mundo Espiritual para os neófitos,[27] mas também como um espelho refletindo as implicações eternas das ações terrenas.

O Espiritismo, diferentemente das religiões tradicionais, não impõe proibições rígidas, mas encoraja a adesão voluntária à moral cristã como um caminho para a evolução espiritual e a compreensão do sofrimento. Este ponto de vista é reforçado pelo conhecimento de que muitos, senão todos, os

---

26 Nosso Lar chegou às telas em 2010 em filme de Wagner de Assis, com igual título. Veja referências no final do livro. Sugiro ler a obra antes de assistir para entendê-lo bem.
27 Termo que significa principiante.

sofrimentos humanos são oriundos de um desalinhamento com as leis morais.

Curiosamente, essa perspectiva encontra paralelo no antigo texto hermético *O Caibalion*, que ensina que o sofrimento resulta da desobediência às leis universais. Este princípio sugere que cada ação tem uma reação correspondente; assim, ao escolhermos agir de acordo com as leis morais, alinhamo-nos com a harmonia universal, minimizando a possibilidade de sofrimento.

Esses ensinamentos são explicados de uma forma racional e profunda pelo Espiritismo, sendo um dos elementos centrais da Filosofia Espírita, caracterizando o seu papel consolador, que vem por meio da luz lançada sobre uma das grandes perguntas filosóficas da humanidade: "Por que sofremos"? O Espiritismo responde.

Immanuel Kant, um dos mais importantes filósofos da história, afirmou que *liberdade não é fazer o que se quer, mas sim fazer o que se deve*. Esse pensamento do filósofo alemão pode causar estranhamento quando lido sem uma reflexão mais profunda, mas é alinhado com a compreensão da Moralidade Espírita em sua essência mais sublime. Segundo Kant, ser verdadeiramente livre envolve a obediência à própria consciência, em vez de ceder aos instintos ou desejos passageiros.

Essa ideia ressoa fortemente com os princípios espíritas, onde a liberdade é vista como a capacidade de seguir as leis morais universais, refletindo uma vida alinhada com os princípios éticos elevados. Quanto mais avançada é a nossa evolução espiritual, menor será a influência das forças materiais sobre nós, tornando-nos livres para agir como devemos, respeitando as Leis Divinas.

No *Livro dos Espíritos*, Allan Kardec explora essa noção na questão 621, onde os Espíritos afirmam que a Lei de Deus está inscrita na consciência de cada indivíduo. Eles ensinam que obedecer a essa lei interna é essencial para o progresso moral e espiritual. Ao seguir a consciência, que é a voz de nossa alma imortal em comunicação com as leis divinas, começamos naturalmente a aderir à "regra de ouro" ensinada por Jesus: tratar os outros como gostaríamos de ser tratados. Esta orientação ética não apenas promove a harmonia e o respeito mútuo, mas também nos guia na direção de uma liberdade autêntica, aquela que é conquistada pelo alinhamento com os princípios morais elevados e não pela submissão aos caprichos do ego.

A Filosofia Espírita apresenta a liberdade como a presença de uma orientação moral que nos guia a escolhas que são verdadeiramente boas para nós e para os outros, não como uma ausência de restrições ao agir. Ao vivermos de acordo com a consciência e a Lei de Deus, não apenas seguimos o caminho da evolução espiritual, mas também contribuímos para a construção de um mundo mais justo e harmonioso.

A moral espírita segue um princípio que é didaticamente explicado por um mito contado pelo filósofo Platão no segundo livro de *A República* intitulado O *Anel de Giges*. Esse mito conta a história de um pastor que acha um anel que lhe proporciona a capacidade de se tornar invisível. Esse poder muda a forma como ele age diante do mundo, passando a se beneficiar dele para cometer crimes e ganhar poder.

A provocação da história nos leva a uma reflexão que ainda continua atual: com o poder do *Anel de Giges*, sem medo de ser julgado ou punido, você ainda escolheria agir corretamente? Esta pergunta desafia nossa compreensão da moralidade, sugerindo que a verdadeira virtude reside em fazer o bem, não por medo das consequências ou desejo de recompensa, mas porque é a coisa certa a fazer. Não devemos agir de forma ética e moral apenas por medo de punição ou pensando em alguma recompensa. A verdadeira conquista moral se dá quando agimos da melhor forma porque é o certo a se fazer.

Jesus, com suas parábolas e ensinamentos, nos mostrou a importância da caridade, da benevolência, da indulgência e do perdão. Ele nos ensinou que a verdadeira moralidade não está em seguir regras externas, mas em transformar o coração, em escolher o amor ao próximo como a base de todas as nossas ações.

Para o verdadeiro Espírita, esses ensinamentos são o alicerce sobre o qual se constrói a prática espírita, refletindo uma busca constante pela evolução espiritual através da reforma íntima.

Neste caminho, cada decisão, cada gesto, até aqueles invisíveis aos olhos do mundo, são expressões de nossa essência. O verdadeiro Espírita reconhece que a invisibilidade de suas ações não lhe confere liberdade para agir contra os princípios morais, mas, ao contrário, é uma oportunidade para demonstrar sua verdadeira natureza espiritual. Ele entende que a maior recompensa é a paz interior que advém de viver de acordo com os princípios da virtude e da moralidade.

O verdadeiro Espírita não é definido apenas por sua crença na imortalidade da alma ou nos fenômenos mediúnicos, mas, sobretudo, por sua dedicação a viver uma vida de virtude, inspirada nos ensinamentos de Jesus. Essa é uma conversa sobre a transformação pessoal, sobre escolher cada dia ser alguém que, mesmo no anonimato de suas ações, escolhe o bem, escolhe ser melhor hoje do que ontem, e assim, contribui para a construção de um mundo melhor.

Porque não é fácil ser Espírita

Há uma piada interna entre os Espíritas que diz: "Se você pensa que seus problemas acabam quando vira Espírita, está enganado! Agora é que os seus problemas começam..."
Mas, por que é difícil ser Espírita?

"Será que é porque:[28]
— Nos esforçamos para nos autoconhecer, e isso nem sempre é prazeroso?
— Não temos ninguém para culpar pelos nossos problemas, a não ser nós mesmos?
— Nos esforçamos para não revidarmos e, ainda por cima, oferecemos a outra face?
— Sabemos que não vamos descansar e ir pro céu após a morte para ficar em eterna contemplação e sim, continuaremos a evoluir?
— Temos consciência de que nada cai do céu, em forma de bênçãos ou milagres, mas tudo é fruto de trabalho, renúncia e sacrifício?
— Nos esforçamos para não atirarmos a primeira pedra, tampouco a última?
— Procuramos aprender a difícil arte do desapego material e afetivo?
— Buscamos reconhecer a força lapidária da dor e sabemos o valor de bem sofrer?
— Procuramos ter humildade em reconhecer que somos espíritos inferiores vivendo em um dos planetas mais atrasados?
— Nos esforçamos para não julgarmos para não sermos julgados?

---
[28] Texto de autor desconhecido, compartilhado nas redes sociais.

— Buscamos retribuir o mal com o bem?
— Sabemos que a nossa porta é sempre estreita?[29]
— Sabemos das responsabilidades de sermos os trabalhadores da última hora?
— Damos gratuitamente o que gratuitamente recebemos?
— Aprendemos a agradecer aos nossos inimigos pela oportunidade de exercitar nossas virtudes?
— Procuramos amar até quando não somos amados?
— Buscamos entender que é mais importante ter religiosidade do que ter uma religião?"

Não é fácil ser Espírita por causa de todas as questões descritas anteriormente, pois somos constantemente lembrados de nossas fragilidades e da necessidade de uma incansável vigilância.

Além disso, os Espíritas também procuram ter consciência das irrelevâncias do mundo físico, por isso exercitam a difícil arte de "estar" nesse mundo sem "ser" deste mundo.

Segundo Raul Teixeira: "Bem compreendido, mas sobretudo bem sentido, o Espiritismo leva aos resultados acima expostos [...] O Espiritismo não institui nenhuma nova moral; apenas facilita aos homens a inteligência e a prática da do Cristo, facultando fé inabalável e esclarecida aos que duvidam ou vacilam."

Tal qual os cristãos em diversas épocas, o verdadeiro Espírita, que pode ser considerado também como um verdadeiro cristão, sofreu e ainda sofre injustiças e incompreensões. Como disse o incrível Raul Teixeira: *ser Espírita é para quem aguenta!*

---

29 "Entrem pela porta estreita, pois larga é a porta e amplo o caminho que leva à perdição, e são muitos os que entram por ela. Como é estreita a porta, e apertado o caminho que leva à vida! São poucos os que a encontram" – Mateus 7:13-14.

Capítulo 15

Sobre caridade, empatia e não julgamento

A caridade é Jesus em ação. No contexto das instituições espíritas pode ser vista como uma continuidade do impulso caritativo que caracterizou o Cristianismo primitivo, refletindo um dinamismo que transcende épocas e tradições religiosas.

As Casas Espíritas, com suas múltiplas atividades voltadas à assistência social, educação e saúde repercutem os princípios de caridade e amor ao próximo que foram tão enfatizados pelos primeiros cristãos, em especial na Casa do Caminho, fundada pelos apóstolos de Jesus.

Os primeiros cristãos que seguiram os ensinamentos de Jesus adotaram a caridade como um pilar central de sua prática religiosa. As "Casas do Caminho" eram parte desse esforço, servindo como centros de reunião e reflexões, bem como locais de assistência aos mais necessitados ou socialmente excluídos.

Essas casas não eram apenas lugares de culto: eram também centros comunitários onde os cristãos praticavam a hospitalidade; compartilhavam refeições; e distribuíam ajuda aos pobres e àqueles que a sociedade julgava como impuros ou pecadores e, por esse rótulo, não recebiam a devida assistência dos centros sociais de seus semelhantes.

Nas comunidades judaicas já era comum a manutenção de instituições para atender às necessidades dos pobres, viúvas, órfãos e estrangeiros. Essas instituições incluíam não apenas as casas de caridade, mas também hospitais, hospedarias para viajantes e cozinhas comunitárias.

Contudo, as instituições de caridade mantidas pelos primeiros cristãos iam além das práticas de caridade oferecidas pela tradição judaica, fundamentada em conceitos como *tzedakah* (justiça ou caridade), que é considerada uma obrigação religiosa. A *tzedakah* vai além da simples doação voluntária, é considerada como uma responsabilidade social e um ato de justiça.

Assim como na época dos apóstolos de Jesus, o Cristianismo dinâmico ressurgiu com o Espiritismo, ensinando que se deve amar e servir a todos. Os Espíritas tem como lema *Fora da Caridade não há salvação,* dessa forma, são encorajados a praticar a caridade de forma universal, ajudando a todos que necessitem de algum apoio ou recurso, sejam pessoas encarnadas ou espíritos desencarnados, que recebem atendimento fraterno nas Casas Espíritas. Essa característica é considerada o DNA dos Espíritas por seguir a máxima de Jesus que disse:

Com isso todos saberão que vocês são meus discípulos, se vocês se amarem uns aos outros.

Essa máxima reflete o comportamento do verdadeiro cristão que ama incondicionalmente ao próximo, independentemente de suas crenças, condição social ou origem. Resgata assim os ensinamentos de Jesus em sua origem, enfatizando a importância do amor ao próximo para a evolução espiritual do indivíduo e respeitando o mandamento de Jesus: *Ame o seu próximo como a si mesmo.*

No Espiritismo a caridade é entendida não apenas como a ajuda material, mas também como o amparo moral e espiritual, envolvendo a tolerância, o perdão e a compaixão.

Pregue o Evangelho o tempo todo e,
se necessário, use palavras.

Essa frase, que é atribuída a Francisco de Assis, foi o que Maria Socorro, uma enfermeira gentil e introspectiva, aprendeu e guardou como lema de vida, após visitar pela primeira vez o Centro Espírita Caminheiros, na cidade de Maringá no Paraná. As ações sociais que presenciou naquele lugar mudaram a forma como ela enxergava o mundo. Foi lá que Socorro compreendeu a profundidade do Evangelho em prática.

O Evangelho que orienta sem palavras

Socorro sempre se orgulhou de ser realista, uma perspectiva forjada nas sombrias lições de seu pai. "Ninguém ajuda ninguém sem querer algo em troca", ecoava como um mantra em sua mente, uma crença reforçada por uma vida de desilusões. As amizades de sua juventude, embora vibrantes e alegres, não foram suficientes para blindá-la contra a amargura que viria com a maturidade.

Um casamento desfeito pela traição de uma amiga próxima selou seu ceticismo, transformando sua desconfiança em convicção. A esperança na bondade humana, uma vez uma chama vibrante, foi extinta por um vento gelado de traição e desespero.

Quando uma série de pesadelos começou a perturbar suas noites por mais de dois meses, Socorro, movida pela exaustão e um vislumbre de desespero, virou-se para o último recurso que jamais consideraria: um Centro Espírita. Com a curiosidade cética similar a de uma jornalista investigativa, ela esperava encontrar, no máximo, uma confirmação de suas suspeitas sobre a futilidade da busca espiritual.

O que ela encontrou, no entanto, foi uma realidade completamente divergente daquela que seu ceticismo havia preconcebido. Ao invés de manifestações sobrenaturais ou rituais esotéricos, ela se deparou com uma comunidade empenhada em atos tangíveis de bondade. Pessoas de todas as idades e camadas sociais unidas não por uma busca de respostas do Além, mas pelo desejo comum de servir aos menos afortunados. Sopas sendo preparadas para os famintos, visitas a hospitais psiquiátricos e asilos de idosos, educadores empenhados em ensinar as primeiras palavras aos analfabetos, apoio oferecido a mães solos em situação de vulnerabilidade.

Esse encontro inesperado com a caridade prática, distante do espiritualismo abstrato que ela esperava ver, acendeu uma nova chama de esperança em Socorro. A experiência desafiou suas convicções mais arraigadas e, o mais importante, revelou a capacidade da caridade genuína de curar não apenas os que recebem, mas também os que dão.

Transformada por essa revelação, Socorro se tornou uma voz ativa na divulgação e pregação do Evangelho, compartilhando sua história com quem quisesse ouvir. Ela falava não de uma conversão espiritual dramática, mas de um despertar para a simplicidade e a força da bondade humana quando exercida sem reservas.

A jornada de Socorro, de ceticismo irracional à fé raciocinada, reflete uma verdade mais ampla sobre a natureza da caridade. Não é uma questão de grandiosos gestos ou revelações espirituais, mas sim da prática cotidiana do amor ao próximo. É nessa prática que a verdadeira essência do Cristianismo se manifesta, não como um conjunto de crenças, mas como ação. Uma história que, muito além de um artigo, torna-se um testemunho poderoso do potencial de transformação que reside no coração da caridade.

Jaime Ribeiro

Exercício da caridade nas Casas Espíritas

As Casas Espíritas funcionam como verdadeiras comunidades de apoio, onde a assistência não se limita ao auxílio material, mas se estende à educação moral e espiritual. Essa abordagem holística pode ser comparada às Casas do Caminho dos primeiros cristãos, que serviam como centros de culto, aprendizado e assistência comunitária, como já mencionamos. A ênfase está na transformação moral do indivíduo, um eco dos ensinamentos de Jesus sobre a importância da mudança interior.

Em *O Livro dos Espíritos*, na questão 886, Allan Kardec pergunta aos espíritos: "Qual o verdadeiro sentido da palavra caridade, como a entendia Jesus? – Benevolência para com todos, indulgência para com as imperfeições dos outros, perdão das ofensas."

A caridade, portanto, reflete o princípio cristão fundamental de amor mútuo entre todos, independentemente da situação em que se encontrem, tendo aplicação no âmbito moral e material.

Em 1860, o apóstolo Paulo, em Espírito, enviou uma mensagem por meio da psicografia e que está publicada no livro *O Evangelho Segundo o Espiritismo*, que sintetiza de uma forma prática e bela como devemos compreender a importância da caridade:

Meus filhos, na máxima: Fora da caridade
não há salvação, estão encerrados os destinos dos
homens, na Terra e no céu; na Terra, porque
à sombra desse estandarte eles viverão em paz;
no céu, porque os que a houverem praticado
acharão graças diante do Senhor.

Ele continua: "Essa divisa é o facho celeste, a luminosa coluna que guia o homem no deserto da vida, encaminhando-o para a Terra da Promissão. Ela brilha no céu, como auréola santa, na fronte dos eleitos, e, na Terra, se acha gravada no coração daqueles a quem Jesus dirá: Passai à direita, benditos de meu Pai. Reconhecê-los-eis pelo perfume de caridade que espalham em torno de si. Nada exprime com mais exatidão o pensamento de Jesus, nada resume tão bem os deveres do homem, como essa máxima de ordem divina... Meu amigo agradeça a Deus o haver permitido que pudésseis gozar a luz do Espiritismo. Não é que somente os que a possuem hajam de ser salvos; é que, ajudando-vos a compreender os ensinos do Cristo, ela vos faz melhores cristãos. Esforçai-vos, pois, para que os vossos irmãos, observando-vos, sejam induzidos a reconhecer que verdadeiros espíritas e verdadeiros cristãos são uma só e a mesma coisa, dado que todos quantos praticam a caridade são discípulos de Jesus, sem embargo da seita a que pertençam". – Paulo, o apóstolo. (Paris, 1860).

O dinamismo do Cristianismo primitivo, com sua capacidade de adaptar-se e expandir-se além das fronteiras judaicas, encontra paralelo na forma como o Espiritismo se adapta às necessidades contemporâneas. As instituições espíritas estão frequentemente envolvidas em projetos sociais inovadores, incluindo a promoção da educação, saúde e bem-estar social, refletindo a compreensão de que a caridade evolui em suas formas de expressão de acordo com os contextos históricos e culturais.

Salientamos que a conexão entre o Cristianismo primitivo e a prática da caridade nas instituições espíritas contemporâneas ilustra uma continuidade espiritual da mensagem de Jesus pura, convidando à observação e vivência de um Evangelho vivo e prático, que transcende os limites temporais e culturais. Essa herança compartilhada destaca o valor universal da caridade, um princípio que continua a inspirar e guiar a humanidade em sua busca por um mundo mais justo e fraterno.

Nas suas reuniões íntimas de estudo do Evangelho com amigos e familiares, Socorro sempre faz a leitura de uma mensagem que em sua opinião resume tudo que ela pensa sobre o poder da caridade:

A caridade muitas vezes é vista como um instrumento coletivo de benevolência para a sociedade, mas na verdade é um recurso de socorro individual que assim como sai individualmente de cada coração, alcança cada pessoa necessitada de uma forma singular.

Caridade[30]

"Caridade é, sobretudo, amizade.
Para o faminto - é o prato de sopa.
Para o triste - é a palavra consoladora.
Para o mau - é a paciência com que nos compete auxiliá-lo.
Para o desesperado - é o auxílio do coração.
Para o ignorante - é o ensino despretensioso.
Para o ingrato - é o esquecimento da ingratidão.
Para o enfermo - é a visita pessoal.
Para o estudante - é o concurso no aprendizado.
Para a criança - é a proteção construtiva.
Para o velho - é o braço irmão.
Para o inimigo - é o perdão.
Para o amigo - é o estímulo.

---

30 Autoria do espírito Emmanuel no livro Viajor. Ver referências no final do livro.

Para o transviado - é o entendimento.
Para o orgulhoso - é a humildade.
Para o colérico - é a calma.
Para o preguiçoso - é o trabalho.
Para o impulsivo - é a serenidade.
Para o leviano - é a tolerância.
Para o deserdado da Terra - é a expressão de carinho.
Caridade é amor, em manifestação incessante e crescente.
É o sol de mil faces, brilhando para todos, e o gênio de mil mãos, amparando, indistintamente, na obra do bem, onde quer que se encontre, entre justos e injustos, bons e maus, felizes e infelizes, porque, onde estiver o Espírito do Senhor, aí se derrama a claridade constante dela, a benefício do mundo inteiro."
Há quem diga que Socorro nunca consegue conter as lágrimas quando lê essa mensagem. Eu confesso que chorei com ela.

Empatia:
prática da virtude Amor

Emmanuel, em sua obra *Pensamento e Vida*, livro transcrito para saciar a curiosidade de amigos que queriam conhecer alguma obra estudada na Espiritualidade, nos diz que duas asas conduzirão o espírito humano à presença de Deus. Uma chama-se Amor, a outra, Sabedoria. Para ele, a sabedoria começa na aquisição do conhecimento. Dessa forma, tomo a liberdade para completar que o amor começa pela prática da empatia. Para não parecer que estou sendo ousado em complementar um autor espiritual tão evoluído, recorro às palavras do próprio Jesus:

Assim, em tudo, façam aos outros o que vocês querem que eles lhes façam; pois esta é a Lei e os Profetas. (*Mateus* 7:12)

No Espiritismo a empatia transcende a mera compreensão emocional do outro; ela é a expressão da lei de amor que Jesus nos ensinou com a sua própria vida. Por meio desta virtude exercitamos não apenas a capacidade de ouvir e entender, mas também de sentir com o coração, o que nos aproxima da verdadeira essência do ser humano e de sua jornada espiritual evolutiva.

A prática da empatia pode ser desafiadora, especialmente quando somos confrontados com opiniões e comportamentos que divergem dos nossos. No entanto, é nessas situações que se colocar no lugar do outro se torna mais necessário e transformador. O mais difícil é saber como exercitar a prática dessa habilidade que é uma preparação para viver o amor ao próximo proposto por Jesus.

A habilidade de se colocar no lugar do outro, de sentir verdadeiramente o que o outro sente, é um dos pilares da caridade proposta pelo Espiritismo, aquela que se manifesta não apenas em atos, mas no profundo respeito e compreensão pelo próximo.

Para tornar a empatia uma parte integrante do cotidiano, é essencial iniciar com a escuta ativa. Isso significa dedicar um momento genuíno para ouvir alguém, sem julgamentos prévios ou a pressa de interromper. Através da escuta ativa, construímos a primeira ponte rumo ao entendimento mútuo, um passo vital para o estabelecimento de conexões empáticas.

O autoconhecimento também desempenha um papel crucial nesse processo. Ao entendermos nossas próprias emoções e reações, tornamo-nos mais aptos a compreender as dos outros. Ferramentas como a mediunidade e a oração podem ser aliadas valiosas nesta jornada de introspecção, ajudando-nos a alcançar um maior equilíbrio emocional e espiritual.

Além disso, a empatia demanda paciência e tolerância, virtudes essenciais diante de conflitos ou mal-entendidos. Aprender a olhar para além das aparências e reconhecer que cada pessoa se encontra em um estágio diferente de sua evolução espiritual nos permite exercitar a verdadeira tolerância, uma forma de caridade que se traduz em compreensão e apoio.

Por fim, a empatia alcança sua plenitude quando se traduz em ação solidária. Pequenos gestos de ajuda e compaixão, muitas vezes simples e discretos, podem significar um grande impacto na vida de alguém. Estes atos refletem a essência da caridade espírita, demonstrando que, por meio do exercício constante da empatia, podemos contribuir significativamente para a melhoria do mundo ao nosso redor.

Ao incorporarmos esses princípios em nosso dia a dia, não apenas avançamos em nossa própria evolução espiritual, mas também contribuímos para a construção de um ambiente mais harmonioso e fraterno. A empatia, assim exercida, torna-se uma poderosa ferramenta de transformação pessoal e coletiva, alinhando nossas ações com os mais elevados ideais espíritas de amor, compreensão e caridade.

Empatia como ferramenta de transformação espiritual

A empatia permite que reconheçamos o outro como um espírito imortal, irmão em essência, enfrentando suas próprias lutas e aprendizados. Essa percepção fortalece os laços de solidariedade e fraternidade, pilares essenciais para a construção de um mundo mais justo e amoroso.

A empatia, vista sob a luz do Espiritismo, é mais do que uma habilidade social; é uma virtude espiritual que nos conecta uns aos outros e ao Divino. Ao fortalecer essa ponte espiritual entre corações, caminhamos juntos na direção da verdadeira paz e felicidade, cumprindo nosso propósito maior de amor e evolução. Que possamos, então, fazer da empatia não apenas um ideal, mas uma prática diária em nossas vidas.

Capítulo 16

Espírito, Perispírito e Corpo Físico

Há alguns anos, me matriculei no curso de passe com o objetivo de trabalhar no Centro Espírita. Logo na primeira aula o instrutor Ivan Vianna desenhou no quadro negro uma estrutura simples, que pareciam três buracos de fechaduras uma dentro da outra. Virou novamente para a turma e falou com sua voz marcante e alta: "Nós não somos apenas espírito e corpo. Existe mais um elemento aqui que liga o espírito ao corpo físico, que é o perispírito, ou seja, a alma[31] também tem um corpo."

Confesso que nunca me passou pela cabeça que exista um terceiro elemento na nossa fisiologia da alma, mas faz todo sentido. Parece óbvio e racional que o espírito precise de um recurso de conexão com o corpo físico.

Na questão 93 de *O Livro dos Espíritos*, há interessante resposta dos espíritos à seguinte pergunta de Kardec: "O espírito, propriamente dito, nenhuma cobertura tem, ou, como pretendem alguns, está sempre envolto numa substância qualquer?

Resposta: Envolve-o uma substância, vaporosa para ti, mas ainda bastante grosseira para nós; assaz vaporosa, entretanto, para poder elevar-se na atmosfera e transportar-se aonde queira.

---

31 Alma é o termo popular com que muitas pessoas se referem ao espírito, encarnado ou não.

Envolvendo o gérmen de um fruto, há o perisperma; do mesmo modo, um envoltório que, por comparação, se pode chamar perispírito, envolve o espírito propriamente dito."

Segundo Léon Denis no livro *Depois da Morte*: "a alma, desprendida do corpo material e revestida do seu invólucro sutil, constitui o espírito, ser fluídico, de forma humana, liberto das necessidades terrestres, invisível e impalpável em seu estado normal."

Espírito:
a essência imortal

O espírito é o princípio inteligente, capaz de pensar, sentir e querer, e acumular experiências, conhecimentos, desenvolvendo virtudes ao longo de sua trajetória infinita. Foco da consciência e da personalidade. O princípio inteligente e essência imortal do ser, que sobrevive à morte do corpo físico e prossegue em sua jornada evolutiva através de sucessivas reencarnações.

Perispírito:
o elo entre o Espírito e o Corpo

O perispírito, ou corpo espiritual, é o envoltório semimaterial da alma, também chamado corpo fluídico ou etéreo. Funciona como um intermediário entre o espírito e o corpo físico. Formado de matéria quintessenciada, é o molde sobre o qual o corpo físico é formado, influenciando e sendo influenciado por este. O perispírito é o veículo de manifestação do espírito, permitindo a interação com o Mundo Material e com o Mundo Espiritual. É também através dele que se processam as impressões e sensações, sendo fundamental na fenomenologia mediúnica. Como o perispírito está interligado com a alma e o corpo material simultaneamente, serve de intermediário a ambos: transmite à alma as sensações do corpo e expressa a este as complexidades da casa mental do Espírito.

O Corpo Físico:
a veste temporária

O corpo físico é a veste material que o espírito assume durante sua encarnação na Terra. É o instrumento através do qual interage com o Mundo Material, experimenta, aprende e evolui. Embora seja temporário e sujeito às leis da natureza, como o nascimento, crescimento, decadência e morte, o corpo físico é essencial para o processo de aprendizado e evolução do espírito.

A compreensão da natureza integral do ser humano é fundamental para entendermos a dinâmica da vida e a continuidade da existência após a morte. As doenças, as sensações, as inclinações e até as relações que estabelecemos podem ser mais bem compreendidas à luz dessa interconexão entre espírito, perispírito e corpo físico. Cada componente influencia e é influenciado pelos outros, refletindo a importância do equilíbrio e harmonia para o bem-estar integral.

Reconhecer que somos ao mesmo tempo espírito, perispírito e corpo físico nos convida a adotar uma visão holística da vida, onde o cuidado com o corpo, o crescimento intelectual e a evolução moral são igualmente importantes. Esta visão nos encoraja a valorizar as experiências terrenas como oportunidades de aprendizado e aprimoramento espiritual, e nos abre para a realidade maior da vida espiritual que transcende a existência física.

Então, em resumo, o Espiritismo revela uma visão profunda sobre a complexidade da natureza do ser humano. Nele se combinam esses três elementos – corpo físico, perispírito e espírito – que formam um único ser.

O estudo dos princípios espíritas, o autoconhecimento e o esforço em domar nossas más inclinações nos levam a aprimorar nosso espírito paulatinamente durante toda a vida presente e nas próximas até que alcancemos a perfeição. Não há pressa, cada um tem seu ritmo, sua forma de lidar com as situações. O importante é a autodisciplina, o método, sem o qual, ninguém evolui.

Capítulo 17

As Revelações

Revelar significa literalmente, sair sob o véu. No sentido figurado é dar a conhecer uma coisa secreta ou desconhecida. No contexto religioso revelar é trazer ao mundo leis ou fatos espirituais que o homem não pode descobrir por meio das suas faculdades materiais, nem com o auxílio dos seus sentidos. A revelação provém de Deus, seja diretamente do Criador ou por meio de seus mensageiros que falam aos seus profetas.

Primeira Revelação

Foi trazida ao mundo por Moisés e na sua figura está personalizada, por ele ter sido o intermediário da Mensagem Divina. Separando a lei de Moisés entre leis Divinas e leis sociais ou civis de seu tempo, podemos ter uma compreensão maior da natureza da primeira revelação e de sua importância para a humanidade, em especial para o estabelecimento da justiça[32] e no reforço do culto à Deus como única divindade a ser adorada.

A lei de Deus está contida nos *Dez Mandamentos* que podem ser encontrados no *Velho Testamento* em Êxodo 20: 2- 17.

1. Eu sou o Senhor, o teu Deus, que te tirou do Egito, da terra da escravidão. Não terás outros deuses além de mim
2. Não farás para ti nenhum ídolo, nenhuma imagem de qualquer coisa no céu, na terra, ou nas águas debaixo da terra. Não te prostrarás diante deles nem lhes prestarás culto, porque eu, o Senhor, o teu Deus, sou Deus zeloso,

---
32 Como indicou Emmanuel no livro O Consolador. Ver referências no final do livro.

que castigo os filhos pelos pecados de seus pais até a terceira e quarta geração daqueles que me desprezam, mas trato com bondade até mil gerações [a] aos que me amam e obedecem aos meus mandamentos

3. Não tomarás em vão o nome do Senhor, o teu Deus, pois o Senhor não deixará impune quem tomar o seu nome em vão
4. Lembra-te do dia de sábado, para santificá-lo. Trabalharás seis dias e neles farás todos os teus trabalhos, mas o sétimo dia é o sábado dedicado ao Senhor, o teu Deus. Nesse dia não farás trabalho algum, nem tu, nem teus filhos ou filhas, nem teus servos ou servas, nem teus animais, nem os estrangeiros que morarem em tuas cidades. Pois em seis dias o Senhor fez os céus e a terra, o mar e tudo o que neles existe, mas no sétimo dia descansou. Portanto, o Senhor abençoou o sétimo dia e o santificou
5. Honra teu pai e tua mãe, a fim de que tenhas vida longa na terra que o Senhor, o teu Deus, te dá
6. Não matarás
7. Não adulterarás
8. Não furtarás
9. Não darás falso testemunho contra o teu próximo
10. Não cobiçarás a casa do teu próximo. Não cobiçarás a mulher do teu próximo, nem seus servos ou servas, nem seu boi ou jumento, nem coisa alguma que lhe pertença.

Como se vê contêm princípios morais, regras de ordenamento social e legislativa que Moisés necessitava impor para bem conduzir um povo de caráter tribal (dividido nas 12 tribos de Israel) e ainda indisciplinado após o longo cativeiro no Egito. E também lições morais.

Segunda Revelação

Foi trazida por Jesus Cristo, e dividiu o mundo entre antes e depois Dele (a.C e d.C). Trouxe uma nova proposta de contato com Deus, proporcionando uma religiosidade que rompia sua característica tribal e se apresentava à humanidade. Como o próprio Cristo disse, Ele não veio destruir a Lei, mas sim cumpri-la. Com Jesus, os Dez Mandamentos se condensam em dois: Amarás a Deus sobre todas as coisas e ao próximo como a ti mesmo (Mateus 22:37-39). Sua mensagem de amor mudou a perspectiva da humanidade sobre as relações humanas, possibilitando avanços morais significativos.

Terceira Revelação

Assim é considerado o Espiritismo, o Consolador Prometido por Jesus, porém não teve uma personificação. Se antes vieram com Moisés e depois com Jesus, agora Seus ensinamentos foram revelados por toda parte pelos Espíritos, codificados por Kardec e sua equipe no século XIX e continuarão chegando ao mundo por meio dos milhões de espíritas que os conhecem e levam adiante, geração após geração. Assim como prometeu Jesus, o Consolador ficaria para sempre com a humanidade.

A máxima da Lei Divina ganha novo formato e significado:

Espíritas, amai-vos, eis o primeiro ensinamento; instruí-vos, este é o segundo. No Cristianismo encontram-se todas as verdades; são de origem humana os erros que nele se enraizaram. Eis que do além-túmulo, que julgáveis o nada, vozes vos clamam: "Irmãos! nada perece. Jesus Cristo é o vencedor do mal, sede os vencedores da impiedade.
– O Espírito de Verdade. (Paris, 1860.)

No livro *O Consolador* Emmanuel nos diz: "Espiritismo evangélico é o Consolador prometido por Jesus, que, pela voz dos seres redimidos, espalham as luzes divinas por toda a Terra, restabelecendo a verdade e levantando o véu que cobre os ensinamentos na sua feição de Cristianismo redivivo, a fim de que os homens despertem para a era grandiosa da compreensão espiritual com o Cristo".

A Doutrina Espírita é a chave para a compreensão dos grandes problemas da humanidade, ao explicar coisas que não eram possíveis de serem compreendidas somente por observação das leis materiais conhecidas no mundo. O Consolador também é, portanto, um explicador da vida.

A palavra "Consolador" nos idiomas atuais é demasiado limitada para capturar a magnitude desta promessa de Jesus. O Consolador que Cristo prometeu não é meramente um emissário destinado a enxugar nossas lágrimas ou acolher nossas tristezas. Ele não é uma figura única ou que ficará com a humanidade por um período de tempo; é o Espírito de Verdade, destinado a permanecer eternamente entre nós para sempre.

Na prática, a chegada do Consolador prometido significa que os véus que separavam o Mundo Espiritual do Mundo Material foram rasgados, permitindo que o conhecimento sobre o destino humano após a morte e uma compreensão mais profunda das leis ensinadas por Jesus fossem revelados. O Espiritismo é esse Consolador prometido por Cristo na Última Ceia, lançando luzes à mensagem de Jesus e proporcionando entendimento espiritual à humanidade.

Em síntese, a Humanidade recebeu as Revelações Divinas em três aspectos essenciais:
Moisés trouxe a missão da Justiça;
O Evangelho, a revelação insuperável do Amor;
O Espiritismo, a sublime tarefa da Verdade.

Capítulo 18

O Consolador Prometido

Quando, porém, vier o Consolador, que eu enviarei a vocês da parte do Pai, o Espírito de Verdade, que dele procede, esse dará testemunho de mim (João 15:26).

Por várias vezes nas páginas anteriores, você deve ter observado citações sobre o Consolador Prometido e deve ter se questionado o que significa isso. Em termos bem resumidos, eis o significado:

Durante a preparação para a última Ceia com seus apóstolos, entre as muitas palavras de ânimo que Ele lhes disse diante da Sua iminente partida para o Pai, prometeu-lhes enviar o Consolador que permaneceria para sempre, não se apartaria deles, mas testemunharia tudo o que Ele lhes ensinara. E denominou-o claramente **O Espírito de Verdade**.

Já reparou que na maioria dos livros de qualquer categoria, há o prefácio, que é uma apresentação de alguém que tem autoridade para avaliar a qualidade do autor e conteúdo?

Quando os Espíritos da Codificação transmitiram *O Evangelho Segundo o Espiritismo*, lançando novas luzes sobre o legado de Jesus, quem assinou o prefácio? **O Espírito de Verdade** que avalia todo o conjunto de ensinamentos englobados no Espiritismo que estarão conosco permanentemente, relembrando as palavras do Mestre e balizando nossa trajetória evolutiva. Estava cumprida a promessa de Jesus.

Esse prefácio é tão belo, que o escolhemos para figurar no final deste livro para que sua mensagem perdure em seus pensamentos depois de tudo que tenha lido aqui.

Kardec no livro *A Gênese*,[33] assegura de forma cristalina que:

O Espiritismo realiza [...] todas as condições do Consolador que Jesus prometeu. Não é uma doutrina individual, nem de concepção humana; ninguém pode dizer-se seu criador. É fruto do ensino coletivo dos Espíritos, ensino a que preside o Espírito de Verdade.

Kardec acrescenta: "Nada suprime do Evangelho: antes o completa e elucida. Com o auxílio das novas leis que revela, conjugadas essas leis às que a Ciência já descobrira, faz se compreenda o que era ininteligível e se admita a possibilidade daquilo que a incredulidade considerava inadmissível. Teve precursores e profetas, que lhe pressentiram a vinda. Pela sua força moralizadora, ele prepara o reinado do bem na Terra".

O Espiritismo, portanto, é uma revelação de caráter profético.

Diferente do que acontece com algumas crenças ou filosofias, nenhum homem o inventou, sendo única e exclusivamente o resultado do ensino dos Espíritos, liderados pelo próprio Espírito de Verdade.

Quando Jesus nos disse que o mundo não entenderia o Espírito de Verdade, mas que ele "estaria em nós", indicava que o Consolador provocaria uma transformação íntima em cada um de nós e não seria uma mudança em massa feita de fora para dentro. Essa mensagem também é reforçada pelo

---

33 Capítulo XVII, item 40.

Apóstolo Paulo em Gálatas 1:15-16, quando ele fala que Deus "revelou o seu Filho em mim".

Paulo nos ensina que a revelação de Cristo não ocorre apenas para ele, mas dentro dele, transformando sua vida de dentro para fora. Isso nos lembra que a verdadeira transformação e vivência cristã ocorrem quando permitimos que Cristo habite e seja revelado em nosso interior, não apenas como uma figura externa, mas como uma presença viva e ativa dentro de nós.

Essa é a proposta moral do Espiritismo, que resgata a força e a pureza dos ensinamentos do cristianismo primitivo, ensinados por Jesus e pelos seus apóstolos. As palavras de Cristo profetizam uma Nova Revelação para a humanidade. Jesus profetizou o Espiritismo da mesma forma que Isaías profetizou a vinda de Jesus, anunciando que um Messias viria ao mundo para nos salvar (Isaías 7:14).

Capítulo 19

Mistérios revelados pelo Espiritismo

Espero que esse livro tenha chegado em boa hora em suas mãos. Seja porque procura por consolo para algum momento difícil, seja porque busca por respostas sobre o sentido da vida e do seu destino.

Se você me perguntar qual o principal objetivo do Espiritismo eu responderei "consolar corações e despertar consciências".

A Doutrina Espírita lança novas luzes à humanidade, resgatando as origens do maior tesouro que ela possui: o Evangelho.

O mistério revelado pelo Espiritismo não é que Deus é a Inteligência Suprema do Universo e Causa Primária de todas as coisas e, sim, que Deus é um Pai próximo, que ama cada um de nós de forma igual e individualizada, de maneira que Sua misericórdia e Sua bondade se manifestam pelas nossas infinitas oportunidades de recomeçar e acertar em nossas existências plurais.

O segredo revelado pelo Espiritismo não é que a alma existe – incontáveis culturas já falavam sobre isso há séculos – e, sim, o segredo revelado pelo Espiritismo é que não importa o quanto erramos na vida, um dia, todos nós seremos anjos. A lei do progresso alcança a tudo e a todos na Criação. Não é apenas uma teoria especulativa, é da Lei Universal.

Somos abençoados por conhecermos uma perspectiva que nos possibilita compreender a vida de uma maneira singular, sendo nós próprios responsáveis pelas nossas vitórias e derrotas espirituais.

O Espiritismo matou a morte. Cabe a nós, Espíritas, trabalharmos constantemente para matar o egoísmo, contribuindo para que o mundo seja melhor para todos.

Nos ensinamentos de Jesus se encontram todas as nossas rotas para vitórias morais, individuais e coletivas. Ele, que se fez menor para que o mundo fosse maior, que já nos amava antes de O conhecermos, que estava aqui antes mesmo da Terra existir, é mais do que o nosso modelo e guia, é a Luz do Mundo e ninguém vai ao Pai senão por Ele.

E como prometido por Ele, o Consolador já está entre nós. Como fica claro no prefácio de *O Evangelho Segundo o Espiritismo*:

"Os Espíritos do Senhor, que são as virtudes dos Céus, qual imenso exército que se movimenta ao receber as ordens do seu comando, espalham-se por toda a superfície da Terra e, semelhantes a estrelas cadentes, vêm iluminar os caminhos e abrir os olhos aos cegos.

Eu vos digo, em verdade, que são chegados os tempos em que todas as coisas hão de ser restabelecidas no seu verdadeiro sentido, para dissipar as trevas, confundir os orgulhosos e glorificar os justos.

As grandes vozes do Céu ressoam como sons de trombetas, e os cânticos dos anjos se lhes associam. Nós vos convidamos, a vós homens, para o divino concerto. Tomai da lira, fazei uníssonas vossas vozes, e que, num hino sagrado, elas se estendam e repercutam de um extremo a outro do Universo.

Homens, irmãos a quem amamos, aqui estamos junto de vós. Amai-vos também, uns aos outros e dizei do fundo do coração, fazendo as vontades do Pai, que está no Céu: Senhor! Senhor!...E podereis entrar no Reino dos Céus."

O Espírito de Verdade

Desejo que o Espiritismo Cristão toque o seu coração, proporcionando uma nova fase para a sua vida. Inspirando-o a se conectar profundamente com Jesus Cristo, convertendo sua alma aos dois maiores mandamentos da Lei de Deus:

*Ame o Senhor Deus de todo o seu coração,
de toda sua alma e de todo o seu
entendimento; Ame o seu próximo
como a si mesmo* (*Mateus* 22:37-39).

Nomes que não saem da boca dos Espíritas

Chico Xavier
um legado de amor

Francisco Cândido Xavier, conhecido carinhosamente como Chico Xavier, nasceu no dia 2 de abril de 1910, em Pedro Leopoldo, pequena cidade do estado de Minas Gerais, Brasil. Desde cedo, enfrentou a adversidade, incluindo a perda de sua mãe aos cinco anos de idade. Apesar dos desafios, foi justamente sua conexão precoce com o Mundo Espiritual que pavimentou o caminho para se tornar um dos mais respeitados médiuns e divulgadores da Doutrina Espírita.

Infância e Primeiros Contatos com o Espiritismo

Criado em um lar católico, Chico Xavier teve suas primeiras experiências mediúnicas ainda criança, alegando ver e ouvir espíritos. Após a morte de sua mãe, ele afirmou receber mensagens dela, o que foi crucial para o seu conforto e orientação espiritual. Sua família, inicialmente cética, passou a aceitar suas habilidades mediúnicas após várias demonstrações de sua veracidade.

Em 1927, Chico participou de uma reunião espírita pela primeira vez, marcando o início de sua dedicação ao estudo e à prática do Espiritismo. Foi a partir daí que começou a desenvolver seriamente seu dom mediúnico, guiado por seu mentor espiritual Emmanuel, que o instruiu não só sobre a mediunidade mas sobre a necessidade de trabalho, estudo e dedicação ao próximo, também.

Obra Mediúnica

Ao longo de sua vida, Chico Xavier psicografou mais de 450 livros, nunca reivindicando direitos autorais sobre nenhum deles. Sua obra abrange diversos gêneros, incluindo poesia, romances históricos, mensagens de consolo e esperança e ensinamentos espíritas. Livros como *Nosso Lar*, que narra a vida no Plano Espiritual e virou filme nos cinemas, e *Parnaso de Além-Túmulo*, uma coletânea de poesias ditadas por espíritos de poetas brasileiros e portugueses, tornaram-se clássicos da literatura espírita.

Mentor espiritual

Emmanuel foi responsável pelo trabalho mediúnico de Chico Xavier.

Segundo relatos, Emmanuel teria sido o senador romano Públio Lentulus, posteriormente um sacerdote na Espanha, um professor de filosofia na França e Padre Manuel da Nóbrega, português que veio para o Brasil em 1949. Essas encarnações refletem sua trajetória de aprendizado e evolução espiritual, sempre em busca de elevação moral e intelectual.

Através de Chico Xavier, Emmanuel ofereceu orientações e conselhos em diversos livros, abordando temas como a necessidade de amor, perdão, serviço ao próximo e a importância da evolução contínua do espírito.

Entre os principais livros ditados por ele destacam-se *Há 2000 Anos, 50 Anos Depois* e *Renúncia*. Esses livros, através de histórias envolventes e lições de vida da época do Cristianismo primitivo, têm o objetivo de instruir sobre a importância do amor, do perdão e do serviço ao próximo, e são fundamentais no entendimento dos princípios espíritas.

Na bibliografia de Emmanuel, destaco especialmente os livros *Paulo e Estevão*, que conta a história de Paulo de Tarso de uma forma emocionante, trazendo a perspectiva espiritual dos acontecimentos na vida do apóstolo dos gentios, e *Pensamento e Vida*, que oferece profundas reflexões sobre a influência dos nossos pensamentos em nossa vida espiritual e material e, segundo o autor, é um livro utilizado nas colônias espirituais para preparar os espíritos que estão prestes a reencarnar. Esses dois livros são transformadores. Ninguém os lê e continua sendo a mesma pessoa depois.

Segundo Chico Xavier, seu mentor espiritual reencarnaria no interior de São Paulo entre o final do século XX e início do século XXI, mas até o ano de 2024 não se tem notícias concretas de sua nova identidade e localização.

Tal fato não deve trazer alvoroço aos nossos corações, pois, o que importa, no momento, é o legado luminoso que nos trouxe. Pessoalmente, creio que espírito de tal envergadura ao reencarnar mais uma vez prepara uma mudança de grande impacto na humanidade. Aguardemos.

Ativismo Social e Legado

Chico Xavier dedicou sua vida ao trabalho assistencial e à caridade, fundando e apoiando diversas obras de assistência social. Sua humildade, simplicidade e amor ao próximo tornaram-no uma figura amada e respeitada não só por Espíritas, mas por pessoas de diversas crenças.

Seu legado transcende seus escritos; é um testemunho do poder transformador do amor e da caridade. Chico ensinou, através do exemplo, que a verdadeira mediunidade é aquela exercida com amor, dedicação e desinteresse material, sempre em benefício do próximo.

Partida para o Plano Espiritual

Chico Xavier desencarnou no dia 2 de julho de 2002, em Uberaba, Minas Gerais, deixando um imenso vazio nos corações daqueles que o admiravam. Porém, sua obra continua a inspirar e consolar milhões de pessoas ao redor do mundo, perpetuando sua missão de fé, esperança e caridade.

Chico Xavier é um símbolo de amor e humildade, cuja vida e obra são um farol de luz na jornada espiritual da humanidade. Sua história é um lembrete poderoso de que, independentemente das provas e dificuldades enfrentadas, é sempre possível servir ao próximo, propagando o amor e a esperança por um mundo melhor.

Divaldo Franco
do Brasil para o mundo

Divaldo Pereira Franco é uma das figuras mais proeminentes do Espiritismo no Brasil e no mundo. Nascido em Feira de Santana, Bahia, no dia 5 de maio de 1927, Divaldo Franco cresceu em um ambiente de dificuldades, marcado pela pobreza, mas sempre esteve envolto em uma atmosfera de profunda espiritualidade. Desde cedo, manifestou habilidades mediúnicas, tendo suas primeiras experiências espirituais na infância. Apesar das adversidades e da falta de compreensão de muitos à sua volta, Divaldo nunca deixou que as dúvidas e críticas o desviassem de seu caminho espiritual.

Sua jornada como médium e orador espírita começou de forma mais evidente na adolescência, e desde então, dedicou sua vida à causa espírita e à caridade. Fundador da Mansão do Caminho, uma obra social extraordinária localizada em Salvador, Bahia, Divaldo Franco transformou a vida de milhares de pessoas, especialmente crianças e jovens carentes, oferecendo-lhes não apenas educação e amparo material, mas também orientação moral e espiritual.

Divaldo Franco psicografou mais de 250 livros, muitos dos quais ditados por espíritos benfeitores, com destaque para Joanna de Ângelis, guia espiritual com quem Divaldo tem profunda conexão. Seus livros abrangem ensinamentos que vão desde a moral cristã e a filosofia espírita até questões de psicologia e desenvolvimento espírita pessoal, contribuindo significativamente para a difusão do Espiritismo.

Mentor espiritual

Joanna de Ângelis é um Espírito de elevada estatura moral e intelectual, conhecida por suas obras mediúnicas através de Divaldo Franco, um dos médiuns mais respeitados do Brasil. Os amigos espirituais nos informaram que ela viveu múltiplas encarnações em diferentes culturas e períodos históricos, sempre como uma líder espiritual e defensora dos desamparados.

Sua obra é extensa e profundamente focada no desenvolvimento emocional e espiritual do ser humano, que oferece orientações para o autodescobrimento e equilíbrio íntimo, e a série *Psicológica*, que integra conceitos de psicologia com ensinamentos espíritas, promovendo um diálogo entre ciência e espiritualidade.

Joanna de Ângelis é especialmente admirada por sua capacidade de transmitir mensagens de amor e esperança, sempre enfatizando a importância da caridade e da benevolência nas interações humanas.

Divaldo e a divulgação do Espiritismo

Como orador, Divaldo percorreu todos os recantos do Brasil e vários países, proferindo mais de 20.000 palestras, sempre enfatizando mensagens de amor, paz e esperança. Sua capacidade de comunicar-se de forma clara e tocante fez dele um dos divulgadores espíritas mais respeitados e queridos, alcançando corações de diversas crenças e nacionalidades.

A vida e obra de Divaldo Franco são um testemunho do seu comprometimento incansável com a prática da caridade e da difusão da Doutrina Espírita. Reconhecido internacionalmente por seu trabalho humanitário e espiritual, Divaldo recebeu diversas homenagens e prêmios, mas sempre enfatizou que o verdadeiro reconhecimento está na continuidade da obra de amor ao próximo.

Sua vida foi registrada no filme *Divaldo – o mensageiro da paz*, dirigido por Clovis Mello e livros de autores como Suely Caldas Schubert – *O semeador de estrelas*.

Exemplo de dedicação e amor ao próximo inspira pessoas no Brasil e ao redor do mundo a seguir os ensinamentos de Jesus e Allan Kardec, trabalhando pela própria evolução espiritual e pela construção de um mundo melhor.

Adolfo Bezerra de Menezes Cavalcanti

Conhecido carinhosamente como Bezerra de Menezes foi um dos mais influentes médicos e espíritas do Brasil. Nascido em 29 de agosto de 1831, na cidade de Riacho do Sangue, atual Jaguaretama, no estado do Ceará, Bezerra de Menezes se tornou uma figura emblemática no cenário espírita, sendo frequentemente referido como o "Kardec Brasileiro".

Após mudar-se para o Rio de Janeiro para prosseguir com seus estudos formou-se em Medicina pela Faculdade de Medicina do Rio de Janeiro em 1856. Demonstrando grande competência e humanidade no exercício de sua profissão, se destacou rapidamente, tanto que sua carreira foi marcada por um profundo comprometimento com os menos afortunados, atendendo muitos pacientes gratuitamente.

Além de sua notável carreira médica teve uma ativa participação na vida pública brasileira, exercendo funções como deputado geral e vereador na cidade do Rio de Janeiro. Seu envolvimento na política, entretanto, foi sempre pautado pela ética, transparência e justiça, princípios que não abandonou ao se deparar com o Espiritismo.

Bezerra de Menezes teve seu primeiro contato com o Espiritismo em meados da década de 1860, mas foi somente em 1882 que ele se envolveu inteiramente com a Doutrina Espírita, após vivenciar experiências pessoais que reafirmaram sua fé na imortalidade da alma e na comunicação com os espíritos. Desde então, dedicou sua vida ao estudo, à prática e à divulgação do Espiritismo, contribuindo decisivamente para sua consolidação e aceitação no Brasil.

Como presidente da Federação Espírita Brasileira (FEB), liderou o Movimento Espírita com grande sabedoria e amor, trabalhando incansavelmente pela unificação dos espíritas e pela difusão dos ensinamentos codificados por Allan Kardec. Sua liderança foi marcada pela tolerância, pelo diálogo e pela promoção da caridade, valores essenciais do Espiritismo. Bezerra de Menezes desencarnou no dia 11 de abril de 1900, no Rio de Janeiro. Sua vida e obra deixaram um legado de fé, amor e caridade, inspirando gerações de Espíritas. Até hoje, é reverenciado como um exemplo de dedicação ao próximo e de compromisso inabalável com os princípios espíritas, continuando a ser uma fonte de inspiração para todos aqueles que buscam na Doutrina Espírita um caminho de luz e esperança.

André Luiz

É um Espírito cujas obras são fundamentais na literatura espírita, principalmente a série *A Vida no Mundo Espiritual*, psicografados através da mediunidade de Chico Xavier e Waldo Vieira. Ele se descreve como um médico que, após sua morte, encontrou-se no Umbral, uma zona de sofrimento e purgação, de onde foi resgatado para a colônia espiritual *Nosso Lar*, cenário que dá nome ao seu livro mais conhecido que também se transformou num grande sucesso nos cinemas pelas lentes do brilhante Wagner Assis. Em *Nosso Lar*, André Luiz detalha a estrutura e funcionamento dessa colônia espiritual, apresentando detalhes sobre a vida após a morte e os elos de afeto que nos conectam em grandes comunidades espirituais. Suas obras, que incluem *Os Mensageiros*, *Missionários da Luz* e *Obreiros da Vida Eterna*, exploram temas como reencarnação, mediunidade e a contínua jornada de evolução espiritual.

As narrativas de André Luiz são valorizadas por sua riqueza de detalhes e pela profundidade de seus ensinamentos espirituais. Principalmente em seus primeiros livros, André Luiz assume o papel de uma pessoa muito curiosa, com isso, nos permitindo entender pormenores da vida no Mundo Espiritual. Nitidamente ele usa essa didática para criar empatia com a nossa ignorância sobre os temas da outra vida.

José Herculano Pires

Foi um destacado filósofo, escritor, educador e jornalista brasileiro, reconhecido por sua profunda contribuição ao estudo e à divulgação da Doutrina Espírita. Nascido em Avaré, São Paulo, no dia 25 de setembro de 1914, desde cedo demonstrou interesse pelas questões espirituais e filosóficas, uma busca que nortearia toda a sua vida e obra. Formado em Filosofia, Herculano Pires dedicou-se ao estudo sério e crítico do Espiritismo, buscando harmonizar os ensinamentos espíritas com as questões filosóficas e científicas contemporâneas. Sua abordagem racional e profunda da Doutrina Espírita o estabeleceu como um dos mais importantes pensadores espíritas do Brasil.

Autor de mais de oitenta livros, Herculano Pires explorou diversos gêneros literários, incluindo ensaios filosóficos, estudos doutrinários, romances, peças de teatro e poesias, sempre com o objetivo de elucidar e difundir os princípios espíritas. Entre suas obras mais conhecidas estão *O Espírito e o Tempo*, *Revisão do Cristianismo* e *Mediunidade: Vida e Comunicação*, que se tornaram referências no estudo do Espiritismo.

Herculano foi também um incansável divulgador da Doutrina Espírita, utilizando-se de sua habilidade jornalística para escrever artigos em jornais e revistas, além de participar de programas de rádio, sempre defendendo o Espiritismo com base na razão e no diálogo construtivo. Sua atuação não se limitou ao campo teórico; ele esteve envolvido em diversas iniciativas de caráter educativo e social, aplicando os princípios espíritas na prática.

Profundamente comprometido com a educação, Herculano Pires acreditava no poder transformador do ensino, defendendo uma abordagem pedagógica que integrasse o desenvolvimento intelectual e moral dos estudantes. Sua visão educacional estava alinhada com os ideais de liberdade, responsabilidade e progresso contínuo, princípios que permeiam a Doutrina Espírita.

Herculano Pires desencarnou em São Paulo, no dia 9 de março de 1979, deixando um legado de profunda erudição e dedicação ao Espiritismo. Sua obra continua a inspirar estudiosos e praticantes da Doutrina destacando-se por sua capacidade de dialogar com os desafios contemporâneos e por sua incansável busca pela verdade. Pela vida e obra, Herculano Pires é lembrado como um dos grandes expoentes do Espiritismo, cujos ensinamentos seguem ecoando, orientando e iluminando o caminho de inúmeras pessoas na busca pelo conhecimento espiritual.

Demais nomes importantes para o Espiritismo (há outros)

Auta de Souza

Nasceu em Macaíba, pequena cidade do Rio Grande do Norte, em 12 de setembro de 1876. Desde muito cedo precisou lidar com a morte. Aos quatorze anos, órfã de pai e mãe, levados pela tuberculose, assistiu, numa noite, um irmão ser devorado pelas chamas. Foi nessa idade também que apareceram os primeiros sintomas do mal que a vitimou, e que levara seus pais. Frágil, submeteu-se a inúmeros tratamentos e na mocidade teve que renunciar ao amor da sua vida em razão de seu estado precário.

O sofrimento de Auta, a sua vida cheia de percalços, fragilidade e solidão fizeram-na desenvolver maravilhosa sensibilidade, intérprete de inúmeros corações igualmente sofredores por meio de sua poesia. Seu único livro, Horto, foi apreciado tanto por intelectuais quanto pelo povo que repetia muitos de seus versos junto aos berços, aos lares pobres, igrejas, pois traduziam as emoções das pessoas simples.

Faleceu em 7 de fevereiro de 1901, na cidade de Natal. A Academia Norte-Rio Grandense de Letras, instalada em 1936, dedicou a ela a poltrona 20.

Como Espírito, Auta trouxe várias poesias consoladoras. Em sua biografia, assim descreve a Federação Espírita Brasileira:

Livre do corpo, totalmente desgastado pela enfermidade, Auta de Souza, irradiando luz própria, lúcida e gloriosa alçou voo em direção à Espiritualidade Maior. Mas a compaixão que sempre sentira pelos sofredores fez com que a poetisa em companhia de outros Espíritos caridosos, visitasse constantemente a crosta da Terra. Foi através de Chico Xavier, que ela, pela primeira vez revelou sua identidade, transmitindo suas poesias enfeixadas em 1932, na primeira edição do "PARNASO DE ALÉM TÚMULO", lançado pela Federação Espírita Brasileira.

Em sua existência física, Auta de Souza foi a AVE CATIVA que cantou seu anseio de liberdade; o coração resignado que buscou no Cristo o consolo das bem-aventuranças prometidas aos aflitos da Terra. Além do túmulo, é o pássaro liberto e feliz que, tornado ao ninho dos antigos infortúnios, vem trazer aos homens a mensagem de bondade e esperança, o apelo à FÉ e a CARIDADE, indicando o rumo certo para a conquista da verdadeira vida.

Muitas Casas Espíritas levam seu nome assim como obras assistenciais voltadas a levar o pão da alma e do corpo a famílias carentes.

Cairbar Schutel

Foi um dos mais destacados divulgadores do Espiritismo no Brasil. Nascido em 22 de setembro de 1868, na cidade de Matão, estado de São Paulo, ele se tornou uma figura central no movimento espírita brasileiro, principalmente por suas contribuições como escritor, editor e orador.

Schutel teve um início de vida marcado pela tragédia familiar e desafios financeiros, que não impediram seu desenvolvimento intelectual e sua busca por conhecimento. Sua trajetória na Doutrina começou mais tarde em sua vida, após se deparar com a obra *O Evangelho Segundo o Espiritismo*, de Allan Kardec. A partir daí, dedicou-se intensamente ao estudo da Doutrina Espírita, tornando-se um de seus mais fervorosos divulgadores no Brasil.

Ele fundou o jornal *O Clarim* em 1905, que se tornou um veículo importante para a divulgação do Espiritismo, abordando temas doutrinários, científicos e filosóficos relacionados à religião. "O Clarim" ainda é publicado hoje, mantendo-se como um dos principais periódicos espíritas do país. Além disso, Cairbar Schutel fundou a *Casa Editora O Clarim*, responsável pela publicação de diversos livros espíritas, inclusive algumas de suas próprias obras. Como autor, Schutel contribuiu com vários títulos à literatura espírita, destacando-se obras como *Parábolas e Ensinos de Jesus, Vida e Atos dos Apóstolos e do Cristianismo*. Suas obras enfocam a moral cristã, a vida após a morte, a comunicação com os Espíritos e a importância da caridade.

Schutel também foi reconhecido por sua habilidade como orador, viajando por diversas regiões do Brasil para dar palestras sobre o Espiritismo, contribuindo para a expansão e consolidação do Movimento Espírita no país. Sua vida foi dedicada à divulgação da Doutrina, buscando sempre elucidar, consolar e incentivar a prática da caridade e do amor ao próximo.

Cairbar Schutel faleceu em 30 de janeiro de 1938, mas deixou um legado duradouro no Movimento Espírita Brasileiro, sendo lembrado como um dos seus maiores divulgadores. Sua obra e sua dedicação continuam a inspirar novas gerações de espíritas no Brasil e em outras partes do mundo.

Canuto de Abreu

Foi um médico, escritor e pesquisador brasileiro, nascido no início do século XX, que dedicou grande parte de sua vida ao estudo e à divulgação do Espiritismo e de fenômenos paranormais. Sua contribuição ao Movimento Espírita é notável, especialmente no que diz respeito às suas investigações sobre a mediunidade e a psicografia.

Formado em Medicina, Canuto de Abreu não se limitou à prática clínica convencional. Sua curiosidade intelectual e seu interesse pelo espiritual e pelo paranormal o levaram a explorar áreas que tangenciam a ciência, a filosofia e a religião. Um dos focos principais de seu trabalho foi a autenticidade e os aspectos técnicos da psicografia, técnica mediúnica pela qual os Espíritos comunicam mensagens através da escrita manual de um médium.

Entre as contribuições mais significativas de Canuto de Abreu para o Espiritismo está seu estudo meticuloso sobre as cartas psicografadas de Chico Xavier, um dos médiuns mais conhecidos e respeitados do Brasil. Abreu fez uma análise minuciosa dessas cartas, buscando evidências de sua autenticidade e da capacidade mediúnica de Xavier, contribuindo para o debate sobre a veracidade das comunicações espirituais e seu reconhecimento como fenômeno legítimo de estudo.

Além de seu trabalho com a psicografia, Canuto de Abreu é autor de várias obras que discutem diferentes aspectos do Espiritismo e dos fenômenos paranormais. Ele foi um dos pesquisadores brasileiros que, através de sua formação científica e abordagem investigativa, procurou dar credibilidade e embasamento acadêmico aos estudos espíritas, em um período em que tais temas eram frequentemente marginalizados ou desconsiderados pela comunidade científica.

Sua atuação como escritor e pesquisador espírita contribuiu para ampliar o diálogo entre espiritualidade e ciência, desafiando preconceitos e abrindo caminho para uma compreensão mais profunda dos fenômenos mediúnicos e paranormais. A vida e o trabalho de Canuto de Abreu refletem um compromisso com a busca por conhecimento e verdade, tanto no campo da medicina quanto no da espiritualidade, marcando-o como uma figura importante no cenário espírita brasileiro.

Seu amor pela pesquisa e o seu registro de documentos tornou-o instrumento para salvar originais de Kardec da Guerra na Europa, dessa forma, contribuindo para elucidar pontos importantes sobre a história da Doutrina Espírita.

Carlos Imbassahy

Foi um proeminente escritor e palestrante espírita brasileiro. Com uma abordagem racional e crítica, dedicou-se ao estudo do Espiritismo e à sua divulgação, destacando-se por sua capacidade de articular os princípios espíritas com questões da ciência e da filosofia.

Imbassahy tinha um talento especial para abordar temas complexos de maneira clara e acessível, contribuindo significativamente para o diálogo entre o Espiritismo e outras áreas do conhecimento. Suas obras e palestras refletem um profundo compromisso com a busca pela verdade e a aplicação prática dos ensinamentos espíritas na vida cotidiana.

De formação no catolicismo, dizia que, mesmo fiel àquela religião, seus pensamentos oscilavam em acreditar ou não na existência do inferno, onde as almas dos pecadores abrasariam pela eternidade. Considerava o fato uma iniquidade, que o fazia descrer da bondade divina, motivo que o fez se afastar definitivamente da religião considerada a oficial do Brasil.

Mesmo antes de se tornar espírita, o escritor dedicava-se à leitura de obras filosóficas, religiosas e científicas, relacionando-as posteriormente com os ensinamentos absorvidos através das obras doutrinárias organizadas e escritas por Allan Kardec.

Autor de quase vinte obras e tradutor de uma dezena delas, o considerado "Ernesto Bozzano Brasileiro", por seu grau de conhecimento e estudo, dizia que a aceitação dos princípios espíritas veio aos poucos.

Sua iniciação nos estudos ocorreu quando lhe chegou ao conhecimento o livro *Depois da morte*, de autoria do escritor e pesquisador Léon Denis, importante obra da bibliografia espírita, que acabou influenciando sua decisão, por confirmar as ideias que possuía sobre a imortalidade da alma.

Reconhecido por sua inteligência e acurado senso de humor, Imbassahy dedicou-se também à pesquisa em memoráveis reuniões de efeitos físicos, todas às sextas-feiras, na intimidade do lar, das quais participavam amigos e familiares.

Deolindo Amorim

Foi uma figura emblemática no cenário do Espiritismo brasileiro, conhecido por seu papel como intelectual, escritor, jornalista e um dos principais articuladores do pensamento espírita na esfera pública. Nascido em 24 de dezembro de 1906, na cidade de Salvador, Bahia, Deolindo dedicou grande parte de sua vida ao estudo, à divulgação e à defesa da Doutrina Espírita, contribuindo significativamente para sua compreensão e aceitação na sociedade brasileira.

Com uma formação inicial em jornalismo, Amorim soube utilizar sua habilidade com as palavras para elucidar e promover os princípios espíritas. Sua atuação não se restringiu ao campo da literatura espírita; ele também se destacou como um pensador crítico, abordando temas de relevância social, religiosa e filosófica, sempre sob uma perspectiva espírita.

Deolindo Amorim fundou o Instituto de Cultura Espírita do Brasil (ICEB) em 1950, uma instituição que se tornou um centro de referência para o estudo e a divulgação do Espiritismo, além de promover o diálogo com outras áreas do conhecimento. O ICEB foi crucial para consolidar o Espiritismo como uma doutrina séria e respeitável, capaz de contribuir para o debate intelectual e cultural no Brasil.

Autor de diversas obras importantes, Deolindo buscou, em seus escritos, estabelecer uma ponte entre o Espiritismo e questões contemporâneas, abordando a Doutrina de maneira racional e acessível. Entre seus livros, destacam-se Espiritismo e Criminologia, O Espiritismo e os Problemas Humanos e Kardec, o Educador e o Codificador. Suas obras são caracterizadas pela profundidade analítica e pelo comprometimento com a divulgação dos ensinamentos espíritas.

Amorim também se notabilizou por sua atuação na imprensa, colaborando com artigos em jornais e revistas, o que ampliou significativamente o alcance do pensamento espírita. Seu trabalho jornalístico foi marcado pelo rigor, pela clareza e pela defesa intransigente dos valores éticos e morais do Espiritismo.

Reconhecido por sua erudição e pelo respeito que conquistou até entre críticos do Espiritismo, Deolindo Amorim deixou um legado duradouro de promoção do diálogo e do entendimento. Ele desencarnou no dia 8 de fevereiro de 1984, no Rio de Janeiro, mas seu trabalho continua a inspirar estudiosos, praticantes do Espiritismo e todos aqueles interessados na busca por uma compreensão mais profunda da espiritualidade e da condição humana.

Edgard Armond

Edgard Armond nasceu em 1894 em Guaratinguetá, São Paulo. Ingressou na Força Pública do Estado de São Paulo, onde alcançou o posto de Tenente-Coronel. Paralelamente à carreira militar, dedicou-se ao espiritismo, sendo um dos fundadores da USE, União das Sociedades Espíritas de São Paulo em 1947 e da Aliança Espírita Evangélica em 1973, entidades federativas do estado de São Paulo.

Em 1962, fundou o Centro de Valorização da Vida (CVV), voltado ao apoio emocional e prevenção ao suicídio.

Armond também atuou durante muitos anos Federação Espírita do Estado de São Paulo (FEESP).

Como escritor, publicou obras conhecidas como *Os Exilados de Capela* e *Na Cortina do Tempo*. Seu legado inclui cursos e programas para formação de médiuns e estudiosos da doutrina espírita, deixando um impacto duradouro no movimento espírita brasileiro.

O Comandante, como era chamado, retornou à pátria espiritual em 29 de novembro de 1982.

Elias Alverne Sobreira

O pernambucano Elias Sobreira conheceu a Campanha do Quilo em agosto de 1938 no Rio de Janeiro. A obra foi iniciada pelo casal Matos Vieira e Relene, em benefício do Abrigo Creche Nazareno, o qual abrigava quarenta meninas.

Em 1945, a serviço da Aeronáutica, transferiu-se para a cidade de Recife em Pernambuco, onde conheceu o Orfanato Ceci Costa que abrigava meninas órfãs. Em uma reunião de comemoração do aniversário orfanato. Sobreira falou sobre a intenção que ele tinha de iniciar a CAMPANHA DO QUILO em benefício daquela casa, que eu também tive a alegria de frequentar na juventude e conhecer trabalhadores abnegados como Heleno Vidal e a Dona Rosinha, amiga de Chico Xavier.

O presidente da casa, Professor José de Barros Lins, que também presidia a reunião solene, aceitou aquele convite. Assim teve início o movimento da campanha do quilo em Recife, que naquela época acontecia uma vez por mês, aos terceiros domingos.

Pouco tempo depois eles foram ao Núcleo Espírita Centelha de Jesus que aderiu ao movimento, recebendo o apoio valoroso de João Rodrigues, presidente do Núcleo Espírita Centelha de Jesus, que foi umas das colunas base para que a tarefa do Quilo fosse adiante. Seu Joãozinho, como era carinhosamente chamado por nós, foi um dos espíritos mais nobres que eu tive a oportunidade de conhecer no Movimento Espírita.

Em 18 de abril de 1957, Elias Sobreira, foi um dos oradores oficiais da comemoração do centenário de *O Livro dos Espíritos*, realizado no Parque 13 de Maio, em Recife. Esse evento foi transmitido ao vivo pela Rádio Clube de Pernambuco, com a presença de quase 5.000 pessoas.

Sobreira viajou durante sete anos divulgando e implantando a Campanha do Quilo no Nordeste do Brasil. Em 1965, fundou o Abrigo Espírita Casa dos Humildes, que até os dias atuais cuida da velhice desamparada e também é endereço do Centro Espírita Casa dos Humildes, uma instituição muito bem orientada, que tem como um dos seus dirigentes o amigo querido Bruno Tavares, que penso ser um dos maiores divulgadores da Doutrina Espírita das últimas décadas, resgatando e explicando as suas histórias e raízes, legado importante para o esclarecimento das futuras gerações.

Eurípedes Barsanulfo

Nascido em 1º de maio de 1880, na cidade de Sacramento, Minas Gerais, Eurípedes desde cedo demonstrou grande interesse pelos estudos e, especialmente, pelas questões espirituais e educacionais. Filho de uma família profundamente católica, Eurípedes Barsanulfo teve seu primeiro contato com a Doutrina Espírita aos 17 anos, e desde então, sua vida tomou um novo rumo. Apesar da resistência inicial de sua família e da sociedade conservadora de sua época, Eurípedes dedicou-se ao estudo e à prática do Espiritismo, contribuindo significativamente para sua divulgação e aceitação.

Sua maior contribuição foi no campo da educação. Em 1907, fundou o Colégio Allan Kardec, na cidade de Sacramento, uma instituição pioneira que integrava os princípios espíritas com métodos pedagógicos inovadores. O colégio adotava uma abordagem educacional holística, valorizando não apenas o conhecimento intelectual, mas também o desenvolvimento moral e espiritual dos alunos. O trabalho de Eurípedes Barsanulfo no Colégio Allan Kardec destacou-se por sua abordagem inclusiva e progressista, oferecendo educação de qualidade a todas as camadas sociais, inclusive a alunos carentes, sem qualquer custo.

Como médium, Eurípedes Barsanulfo desempenhou papel crucial no atendimento espiritual e no tratamento de enfermidades através de práticas mediúnicas. Seu trabalho mediúnico era marcado pela caridade e pelo desejo sincero de auxiliar o próximo, atraindo pessoas de diversas regiões em busca de orientação e cura.

Além de suas atividades educacionais e mediúnicas, Eurípedes Barsanulfo dedicou-se ao trabalho assistencial, fundando a Farmácia e o Hospital Espíritas, instituições que prestavam serviços gratuitos à população carente. Sua visão de caridade e assistência social estava profundamente alinhada aos ensinamentos espíritas e buscava aliviar o sofrimento físico e espiritual dos mais necessitados.

Eurípedes Barsanulfo desencarnou precocemente aos 38 anos, em 1º de novembro de 1918, vítima da gripe espanhola. Apesar de sua vida ter sido relativamente curta, seu legado é imenso, perpetuando-se através das instituições que fundou e dos inúmeros relatos de pessoas que foram beneficiadas por seu trabalho. Sua memória é celebrada no movimento espírita como um exemplo de dedicação ao próximo, de integração entre educação e espiritualidade, e de compromisso inabalável com os princípios do Espiritismo.

Gabriel Delanne

Proeminente pesquisador, escritor e orador espírita francês, nascido em 23 de março de 1857, em Paris. Filho de pais espíritas, Delanne foi influenciado desde cedo pelos ensinamentos de Allan Kardec e dedicou sua vida ao estudo e à defesa do Espiritismo. Sua obra e sua atuação são fundamentais para o entendimento do movimento espírita como uma proposta que harmoniza fé e razão, ciência e espiritualidade.

Com formação em engenharia, Delanne aplicou o rigor científico ao estudo dos fenômenos espíritas, buscando evidências empíricas da sobrevivência da alma e da comunicação entre os mundos material e espiritual. Um de seus principais objetivos era demonstrar, por meio da investigação científica, que os princípios espíritas não contradiziam as leis naturais, mas ampliavam a compreensão da realidade.

Gabriel Delanne foi cofundador da União Espírita Francesa e da Revista Científica e Moral do Espiritismo, colaborando estreitamente com outros luminares como Léon Denis e Camille Flammarion. Seu trabalho foi crucial para estabelecer uma base sólida para o estudo científico da Doutrina, contribuindo para sua legitimidade e aceitação no meio acadêmico e científico.

Entre suas obras mais importantes estão *O Fenômeno Espírita*, que oferece uma análise científica dos fenômenos mediúnicos; *A Alma é Imortal*, que discute evidências da sobrevivência da alma após a morte; e *A Reencarnação*, que explora os aspectos científicos e filosóficos da reencarnação como parte fundamental da Doutrina Espírita.

Delanne dedicou sua vida à causa espírita, trabalhando incansavelmente para elucidar, defender e divulgar o Espiritismo. Ele é lembrado por sua abordagem racional e científica, bem como por sua profunda convicção na moralidade e nos objetivos elevados da Doutrina Espírita. Gabriel Delanne desencarnou em 15 de fevereiro de 1926, em Paris, mas seu legado perdura como um pilar essencial no desenvolvimento do Espiritismo, ponte entre ciência e fé, convidando à reflexão e ao aprofundamento dos mistérios da vida e do Universo.

Hermínio Corrêa de Miranda

Foi um destacado escritor e pesquisador espírita brasileiro, nascido em 5 de janeiro de 1920, em Volta Redonda, Rio de Janeiro. Sua contribuição ao Espiritismo é vasta, abrangendo uma significativa produção literária que explora desde a pesquisa científica de fenômenos paranormais até a análise de casos de reencarnação, obsessão espiritual, entre outros temas relacionados à doutrina espírita.

Miranda começou sua carreira profissional longe dos estudos espirituais, trabalhando no setor bancário. Sua trajetória no Espiritismo iniciou-se a partir de um interesse pessoal por temas ligados à parapsicologia e aos estudos sobre a sobrevivência da alma após a morte. Gradualmente, sua pesquisa se expandiu para incluir os ensinamentos espíritas, e ele se tornou um dos mais prolíficos autores brasileiros no campo do Espiritismo.

Um dos aspectos mais notáveis de seu trabalho é a abordagem racional e investigativa com que trata os temas espíritas, buscando sempre uma conciliação entre fé e razão. Miranda dedicou-se ao estudo e à divulgação do Espiritismo com um enfoque particular na sua compatibilidade com os avanços científicos e na sua capacidade de oferecer respostas a algumas das mais complexas questões humanas.

Dentre suas obras mais influentes estão "Diálogo com as Sombras", em que trata da comunicação com os espíritos e da desobsessão, e "As Várias Faces da Mediunidade", uma análise aprofundada sobre os diferentes aspectos da mediunidade. "Nossos Filhos são Espíritos", "Sobrevivência e Comunicabilidade dos Espíritos", e "Reencarnação no Brasil" são outros títulos de destaque que compõem sua extensa bibliografia. Hermínio Miranda é conhecido por suas obras que mesclam narrativas de casos reais, análises teóricas e discussões filosóficas, proporcionando ao leitor uma visão ampla e detalhada sobre os temas tratados.

Além de escritor, Miranda foi um palestrante ativo, participando de congressos e eventos espíritas por todo o Brasil, onde suas exposições eram sempre recebidas com grande interesse e apreço. Sua habilidade em comunicar ideias complexas de maneira clara e acessível contribuiu para que se tornasse uma referência no meio espírita.

Hermínio Miranda faleceu em 8 de julho de 2013, mas seu legado permanece vivo. Suas obras continuam a ser lidas e estudadas por aqueles que buscam no Espiritismo respostas para as questões espirituais e existenciais, e sua vida é um exemplo do compromisso com a busca do conhecimento espiritual aliado à integridade e à dedicação ao próximo.

Hernani Guimarães Andrade

Foi um engenheiro, pesquisador e escritor brasileiro notável por sua dedicação ao estudo do Espiritismo e aos fenômenos paranormais. Nascido em 1913, em Araraquara, São Paulo, dedicou grande parte de sua vida ao estudo científico de temas relacionados à reencarnação, mediunidade, *poltergeist*, e à sobrevivência do Espírito após a morte. Formado em Engenharia Civil pela Escola Politécnica da Universidade de São Paulo, sua abordagem ao estudo do Espiritismo foi marcada por um rigor científico, buscando estabelecer pontes entre a ciência e a espiritualidade. Andrade foi fundador do Instituto Brasileiro de Pesquisas Psicobiofísicas (IBPP), uma instituição dedicada ao estudo de fenômenos paranormais sob uma perspectiva científica.

Entre suas contribuições mais significativas está a investigação de casos sugestivos de reencarnação, nos quais buscava evidências empíricas que pudessem ser analisadas sob critérios científicos rigorosos. Sua obra inclui diversos livros e artigos em que discute suas pesquisas e teorias. Alguns de seus trabalhos mais conhecidos são: Reencarnação no Brasil, Morte, Renascimento, Evolução e Psi Quântico, obras nas quais abordou temas como a memória de vidas passadas, fenômenos de telepatia e casos de *poltergeist*, sempre com o intuito de compreender a natureza do Espírito e sua interação com o mundo físico.

Hernani Guimarães Andrade é reconhecido como uma das figuras mais importantes do Espiritismo brasileiro no século XX, pela forma como buscou dialogar com a ciência e pela profundidade de suas investigações no campo da parapsicologia e da pesquisa psíquica. Sua abordagem metodológica e seus esforços para entender os fenômenos espíritas sob uma visão científica contribuíram significativamente para o estudo e a compreensão da Doutrina Espírita e dos fenômenos paranormais. Além de tudo, é um dos fundadores do Grupo Espírita Casa do Caminho, centro espírita que cativou a mim e a minha família pela organização, capacidade extraordinária de trabalho, bons grupos de estudo e uma comunidade muito agradável de todas as gerações. Andrade faleceu em 2003, deixando um legado valioso para os estudiosos e entusiastas do Espiritismo e da parapsicologia.

Humberto de Campos

Posteriormente conhecido como Irmão X, é um Espírito que tem contribuído significativamente para a literatura espírita, especialmente através da mediunidade de Chico Xavier. Em vida, foi um renomado jornalista e escritor brasileiro. Após sua desencarnação, começou a transmitir obras e mensagens espirituais, inicialmente sob seu próprio nome. Por causa de questões jurídicas envolvendo sua família encarnada, adotou o pseudônimo "Irmão X". Entre suas obras destacam-se *Brasil, Coração do Mundo, Pátria do Evangelho*, que apresenta uma visão espiritual da história do Brasil, e *Cartas e Crônicas*, uma coletânea que oferece reflexões sobre a vida, a moral e a sociedade, com um toque de humor e profundidade intelectual que marcavam sua escrita terrena. Sua contribuição é valorizada pela clareza e a profundidade das reflexões sobre questões morais e espirituais.

Léon Denis

Notável filósofo, escritor e orador espírita francês. Nasceu em 1º de janeiro de 1846, na cidade de Foug, na França. Ele se destaca como uma das figuras mais influentes do movimento espírita após o falecimento de Allan Kardec, contribuindo significativamente para a filosofia e a difusão do Espiritismo em todo o mundo.

Desde jovem, Denis se interessou pelas questões existenciais e espirituais, uma busca que o conduziu ao Espiritismo na fase adulta. Após o contato com as obras de Kardec, Denis dedicou sua vida ao estudo profundo da Doutrina Espírita, tornando-se um de seus mais proeminentes defensores e um elo vital para sua continuidade e expansão após a morte de Kardec.

Denis não apenas abraçou a Doutrina Espírita por sua consolação frente aos mistérios da vida e da morte, mas também por seu potencial para responder às inquietudes filosóficas e científicas da época. Ele via no Espiritismo uma poderosa ferramenta de renovação moral e espiritual da sociedade, promovendo a ideia de que a verdadeira evolução humana é tanto individual quanto coletiva, e profundamente ligada à compreensão espiritual. Entre suas contribuições mais notáveis à literatura espírita estão obras como *Depois da Morte, O Problema do Ser, do Destino e da Dor e O Grande Enigma*, nas quais explora temas como a imortalidade da alma, a reencarnação, a justiça divina e o papel do sofrimento no processo evolutivo. Esses trabalhos não só reforçam os ensinamentos de Kardec, mas também expandem e aprofundam o entendimento sobre questões fundamentais da existência.

Como orador, possuía a capacidade de transmitir conceitos complexos de maneira clara e inspiradora, atraindo um vasto público tanto na França quanto em outros países. Sua eloquência e profundidade de pensamento fizeram dele uma figura central nos congressos espíritas internacionais, onde defendia a universalidade e a relevância do Espiritismo.

Léon Denis, com grande humildade influenciou gerações de espíritas e contribuiu para o reconhecimento do Espiritismo como uma doutrina consoladora, racional e progressista à qual dedicou sua vida. Ele desencarnou em 12 de abril de 1927, deixando um legado imortal de sabedoria, fé e esperança. Sua obra e exemplo de vida continuam a inspirar estudiosos e praticantes do Espiritismo, ressaltando o papel essencial do amor, da caridade e do conhecimento na jornada espiritual de cada ser e reforçam a mensagem de que a evolução espiritual é o caminho para a verdadeira felicidade e harmonia universal.

Manoel Philomeno de Miranda

É um Espírito que tem contribuído muito no aprofundamento de importantes conhecimentos sobre as relações entre o mundo físico e espiritual, por meio da mediunidade de Divaldo Franco. Ele é conhecido por suas obras que tratam especialmente de temas relacionados à mediunidade e a influência dos Espíritos em nossas vidas, oferecendo relatos detalhados de sua experiência como trabalhador em sessões de desobsessão no Plano Espiritual.

Sua primeira obra, *Nos Bastidores da Obsessão*, descreve minuciosamente os processos envolvidos no auxílio a Espíritos obsessores e obsediados, fornecendo uma visão esclarecedora e educativa sobre o impacto das influências espirituais na vida cotidiana.

Outros livros importantes de sua autoria incluem *Dramas da Obsessão e Tramas do Destino*, que continuam explorando as complexidades das relações espirituais e seus efeitos na evolução individual e coletiva.

Através de suas mensagens, Manoel Philomeno de Miranda busca elucidar, consolar e orientar aqueles que enfrentam desafios espirituais, sempre sob a luz do entendimento e da compaixão.

Marlene Nobre

Foi uma médica ginecologista e obstetra brasileira, reconhecida por seu pioneirismo na integração entre a medicina e a espiritualidade, em especial, o Espiritismo. Nascida em 13 de setembro de 1937, em Garça, São Paulo, Marlene dedicou grande parte de sua vida à prática médica, ao estudo e à divulgação da Doutrina Espírita, bem como à pesquisa sobre as interações entre saúde física, emocional e espiritual.

Formada em Medicina pela Universidade Federal do Paraná, Marlene Nobre desenvolveu uma carreira distinta tanto na prática médica quanto no ativismo espírita. Inspirada pela obra de Allan Kardec e pelas mensagens de amor e caridade do Espiritismo, ela buscou, em sua prática médica, oferecer um tratamento que considerasse não apenas o corpo físico, mas também o ser espiritual.

Fundadora e presidente da Associação Médico-Espírita do Brasil (AME-Brasil) e da Associação Médico-Espírita Internacional (AME-Internacional), Marlene foi uma das principais vozes no movimento de integração entre ciência, saúde e espiritualidade. Seu trabalho nessa área abriu caminho para uma nova compreensão sobre a saúde integral, influenciando médicos e profissionais de saúde a adotarem uma visão mais ampla e compassiva no tratamento de seus pacientes.

Autora de diversos livros, Marlene Nobre procurou, através de suas obras, elucidar questões relacionadas à saúde e espiritualidade, como *A Obsessão e Suas Máscaras, Lições de Sabedoria – Chico Xavier nos 30 anos do Nosso Lar,* entre outros. Seus livros refletem seu profundo conhecimento médico e espírita, buscando sempre oferecer conforto, orientação e esperança.

Marlene Nobre foi também uma incansável trabalhadora na divulgação do Espiritismo, participando de congressos, palestras e encontros no Brasil e no exterior, sempre enfatizando a importância da caridade, do amor ao próximo e do desenvolvimento espiritual como elementos fundamentais para a saúde integral do ser.

Marlene Nobre desencarnou em cinco de janeiro de 2015, deixando um legado de dedicação ao serviço do próximo, à medicina e ao Espiritismo, inspirando futuras gerações a seguirem o caminho da compaixão, do estudo e da prática do amor incondicional.

Meimei

Irma de Castro Rocha (Meimei) nasceu em Mateus Leme, Minas Gerais em 22 de outubro de 1922. Modesta e de espírito elevado, desde criança chamava atenção tanto por sua beleza física quanto inteligência extraordinária. Seus biógrafos sempre a descrevem como alegre, comunicativa, espirituosa, espontânea, alguém que cativava a todos, embora convivesse desde a infância com uma doença crônica – nefrite–, agravada quando já cursava o segundo ano do Curso Normal em Itaúna, cidade onde então residia, e que a habilitaria a ser professora.

Era a primeira aluna da classe, mas precisou abandonar os estudos. Passou, então a apurar sua cultura por meio da leitura, o que lhe proporcionou refinamento de seu espírito.

Em 1942, aos 20 anos, já residente em Belo Horizonte, casou-se com Arnaldo Rocha, na época ateu.

Meimei, seu carinhoso apelido resultou da leitura que ela e o marido fizeram do livro *Momentos de Pequim* e que significa "Noiva querida" ou "A Bem- Amada", logo adaptado para *Amor Puro*. Esse apelido só foi revelado por seu esposo após o desencarne dela.

Ela não era oficialmente espírita e sim católica, mas dedicava-se espontaneamente a alguns dos princípios espíritas como caridade, benevolência, conduta moral ilibada e mediunidade. Era médium clarividente, conversava com espíritos e relembrava cenas de vidas passadas dela e do marido, o qual não sabia como lidar com isso e desconversava, imaginando que fossem delírios.

Mais tarde, Chico Xavier revelou que ela auxiliava na trajetória espiritual de Arnaldo há muitos séculos, desde VIII a.C. No livro *Ave Cristo*, de Emmanuel, psicografado por Chico há uma passagem sobre a personagem Blandina. O venerável médium pediu a Arnaldo que lesse um trecho do livro com fatos sobre essa personagem e ele reconheceu como algo que Meimei lhe dissera em seus "delírios" como assim ele considerava as revelações da esposa anteriormente. Nesse romance de Emmanuel, Blandina era filha de Taciano Varro (o próprio Arnaldo Rocha), portanto, conviviam sob propósitos de evolução espiritual.

Outras referências aos fatos por ela vividos estão no livro *Semíramis*, de Camilo Rodrigues Chaves.

Scheilla

O Espírito Scheilla é um dos mais queridos dos espíritas. Duas de suas encarnações são mais conhecidas, ambas repletas de espiritualidade. Na primeira, entre 1572 e 1641 foi uma nobre francesa, a Baronesa de Chantal, dedicada à vida religiosa de tal forma que um século após sua desencarnação foi canonizada como Santa Joana de Chantal. Na segunda, foi enfermeira alemã na Segunda Guerra Mundial e desencarnou em 1943, aos 28 anos, vítima de bombardeio aéreo.

Seu contato com os Espíritas brasileiros deu-se quase a seguir. Dias depois do desencarne, materializou-se numa sessão do Grupo de Oração dirigida pelo médium Peixotinho em Macaé-RJ. Descreveram-na como uma bonita jovem loura, sorridente, de olhos azuis esverdeados que exalava perfume de flores. Desde então inúmeros foram os relatos de curas feitos por ela materializada, algumas vezes portando instrumentos de cura ainda desconhecidos na Terra e que os olhos materiais identificavam por pedras brilhantes ou outros objetos.

Fato marcante é que sua presença, materializada ou não, é sempre reconhecida pelo perfume de flores, especialmente rosas. Chico Xavier e outros médiuns expressivos dela receberam e divulgaram belas e consoladoras mensagens. Divaldo Franco relata um caso de cura de grave mal da garganta do qual ele foi o beneficiado.

No Plano Espiritual, Scheilla coordena, com ajuda de companheiros encarnados e desencarnados atividades de cura aos enfermos dos dois Planos – o Material e o Espiritual.

Suely Caldas Schubert

Suely Caldas Schubert nasceu em Carangola, Minas Gerais, em 9 de dezembro de 1938. Residia em Juiz de Fora, no mesmo Estado. Seus pais e avós maternos e paternos eram espíritas. A mediunidade surgiu muito cedo em sua vida, a ela se dedicando por mais de sessenta anos, especialmente no âmbito da mediunidade e da divulgação do Espiritismo.

Autora de dezoito livros, era também expositora, tendo realizado palestras e participado de seminários no Brasil e no Exterior. Entre suas obras destacamos: *Dimensões Espirituais do Centro Espírita*; *O Semeador de Estrelas*; *Obsessão/Desobsessão: Profilaxia e Terapêutica Espíritas*; *Os Poderes da Mente*; *Transtornos Mentais: uma leitura Espírita*; *Mentes interconectadas e a lei de atração*; *Nas fronteiras da Nova Era*; *Testemunhos de Chico Xavier e Divaldo Franco: uma vida com os Espíritos*; *Chico Xavier e Emmanuel – dores e glórias*.

Em 1986, Suely fundou, com um grupo de companheiros, a Sociedade Espírita Joanna de Ângelis, em Juiz de Fora.

Desencarnou em 12 de maio de 2021. Sua vida foi um exemplo de trabalho, estudo e disposição ao bem.

Yvonne do Amaral Pereira

Renomada médium e escritora espírita brasileira, cuja vida e obra contribuíram significativamente para a divulgação e o estudo da Doutrina Espírita. Nascida em 24 de dezembro de 1900, na cidade de Rio das Flores, no estado do Rio de Janeiro, Yvonne desde muito cedo demonstrou profunda sensibilidade espiritual e mediúnica.

Ainda na infância, ela começou a ter suas primeiras experiências mediúnicas, vendo e comunicando-se com Espíritos. Essas experiências marcaram o início de uma longa jornada de dedicação ao estudo e à prática do Espiritismo. Apesar dos desafios que enfrentou, incluindo a desaprovação e o ceticismo de pessoas próximas, Yvonne manteve-se fiel à sua missão espiritual, fortalecida pela fé e pelo desejo sincero de ajudar os outros.

Ao longo de sua vida, Yvonne do Amaral Pereira desenvolveu intensa atividade mediúnica, colaborando com diversos centros espíritas e contribuindo para o socorro e orientação de Espíritos sofredores. Além disso, dedicou-se à psicografia, deixando um legado literário de grande valor para o movimento espírita. Entre suas obras mais conhecidas, destacam-se Memórias de um Suicida, Nas Voragens do Pecado e O Drama da Bretanha, que abordam, com profundidade e sensibilidade, temas como o suicídio, a obsessão espiritual e as consequências morais das escolhas humanas.

Yvonne do Amaral Pereira sempre enfatizou a importância da caridade e do amor ao próximo em sua prática mediúnica, seguindo os ensinamentos de Jesus e Allan Kardec. Sua vida foi um exemplo de humildade, resignação e serviço desinteressado, inspirando muitas pessoas a buscarem no Espiritismo caminhos de elevação espiritual e auxílio mútuo.

Além de sua atuação mediúnica, Yvonne foi uma ardorosa defensora da causa animal, demonstrando, por meio de suas atitudes e ensinamentos, a importância do respeito a todas as formas de vida. Seu amor pelos animais e pela natureza refletia a compreensão da unidade da criação e da responsabilidade humana na preservação do equilíbrio do planeta.

Yvonne do Amaral Pereira desencarnou em nove de março de 1984, deixando uma vasta obra que continua a tocar os corações e mentes de estudiosos e simpatizantes do Espiritismo. Sua vida é um testemunho da força transformadora da fé, da esperança e do amor, princípios que guiaram sua jornada terrena e que permanecem como faróis para todos aqueles que buscam na Doutrina Espírita inspiração para uma vida de maior plenitude espiritual.

Palavras que não saem da boca dos Espíritas

ÁGUA FLUIDIFICADA – É a água magnetizada pelos espíritos, impregnada de bons fluidos, fortificantes ou terapêuticos. Geralmente é fluidificada nos Centros por imposição das mãos e/ou orações dos médiuns. A água também pode ser fluidificada em casa durante o Culto do Evangelho no Lar, por meio dos bons pensamentos e orações. Ver Culto no Lar.

ALÉM [do latim vulgar alid + ende, en < inde] – 1. Lugar distante; horizonte; confins. 2. O outro mundo; mundo espiritual. 3. Vida além da vida física.

ALMA [latim anima, do grego anemos] – É o ser imaterial, distinto e individual, unido ao corpo que lhe serve de invólucro temporário, isto é, o Espírito em estado de encarnação, e que somente pertence à espécie humana.

ANJO-GUARDIÃO ou GUIA ESPIRITUAL – É o Espírito protetor de uma ordem elevada, encarregado de assistir e proteger indivíduos ou coletividades. Sinônimos: Protetor, Guia.

AURA [do latim aura] – Emanação fluídica do corpo humano e dos demais organismos vivos.

BICORPOREIDADE [do latim bis + corporalitate] - Variação das manifestações visuais, quando o indivíduo se mostra simultaneamente em dois lugares diferentes. No primeiro lugar, com o corpo físico animado organicamente, em estado de êxtase; no segundo, com o perispírito.

CARMA [do sânscrito karmam] – 1. Nas filosofias hinduístas, o conjunto das ações dos homens e suas consequências. 2. Vocábulo emprestado das doutrinas hinduístas que, no meio espírita, tem-se vulgarizado como equivalente da lei de causa e efeito, também chamada lei de ação e reação, lei do retorno, lei da causalidade, porém sem aquele conteúdo de inalterabilidade encontrado em sua acepção original, já que o Espiritismo incorpora, ao seu lado, a lei de misericórdia ou das compensações, pela qual os atos bons podem abrandar ou neutralizar efeitos dos atos ruins desta ou de pregressas existências.

CENTROS DE FORÇAS OU CHACRAS – Centros energéticos do corpo humano, também chamados de vórtices. Localizados em pontos específicos captam energias de todas as espécies.

CODIFICAÇÃO [do francês codifier] – 1. Ato ou efeito de codificar. 2. Transformar em código, reunir, coligir, compilar, ordenar. 3. A sistematização, organização da Doutrina dos Espíritos realizada por Allan Kardec.

CODIFICADOR [do francês codifier] – 1. Aquele que codifica ou sistematiza informações específicas para identificação ou organização dessas.

CORPO MENTAL – É o envoltório sutil da mente.

CROSTA [do latim crusta] – Designação dada pelo Espírito André Luiz à região espiritual mais próxima da Terra, onde perambulam os Espíritos desencarnados ainda muito vinculados com as sensações e os interesses materiais. Ver: Umbral e Trevas.

DESDOBRAMENTO [do latim des- + duplare > dobra + -mento] – 1. Faculdade anímica que permite ao Espírito sair do corpo físico e deslocar-se ou ser levado a outro local, podendo ser ou não visto pelos encarnados presentes no novo local. 2. Estado de emancipação da alma, quando a mesma se projeta ao Mundo Espiritual. Ver: emancipação da alma.

DESENCARNAÇÃO [do latim des+incarnatione] – Ato ou efeito de desencarnar, isto é, deixar a carne, passar para o Mundo Espiritual. É quando deixa de atuar o princípio vital, gerando em consequência a desorganização do corpo, desprendendo-se o perispírito, molécula a molécula, conforme se unira, e restituindo ao Espírito a liberdade. Não é a partida do Espírito que causa a morte do corpo; esta é que determina a partida do Espírito, tanto que desencarnação é libertação da alma e morte é a cessação da vida e degenerescência da matéria.

DESENCARNADO [do latim des + incarnatu] – 1. Que morreu; que desencarnou; que deixou a carne. 2. Espírito sem corpo físico.

DESENVOLVIMENTO MEDIÚNICO – É o processo de educação da faculdade mediúnica, acompanhado e orientado por pessoas experientes dentro do Centro Espírita.

DESOBSESSÃO [do latim des- + obsessione] – 1. Em sentido amplo: processo de regeneração da Humanidade, através da renovação moral dos envolvidos que, assim, desvinculam-se do passado sombrio e vencem a si próprios. 2. Em sentido restrito: é o tratamento das obsessões orientado pela Doutrina Espírita, em reuniões especializadas. Ver: Obsessão.

DEUS [do latim deus] – Inteligência suprema, causa primária de todas as coisas; eterno, imutável, imaterial, único, onipotente, soberanamente justo e bom. Divindade.

DOGMA [do grego dógma, pelo latim dogma] –1. Ponto fundamental e indiscutível, sem qualquer tipo de comprovação, de uma doutrina religiosa, e, por extensão, de qualquer doutrina ou sistema. 2. Princípio aceite como verdadeiro ou justo sem discussão ou exame crítico. 3. Pelo seu caráter racionalista, o Espiritismo não adota dogma de fé, isto é, ponto doutrinário indiscutível, tanto que preconiza a correção onde estiver comprovadamente em erro, com a adoção de novas verdades científicas.

DOUTRINA – Conjunto de princípios que servem de base a um sistema religioso, político, filosófico e assim por diante. Disciplina.

ECTOPLASMA [do grego e do latim, respectivamente: ektós + plasma] – 1. Biologia: parte periférica do citoplasma. 2. Parapsicologia: termo criado por Charles Richet para designar a substância visível que emana do corpo de certos médiuns. 3. Para a ciência espírita, designa a substância viscosa, esbranquiçada, quase transparente, com reflexos leitosos, evanescente sob a luz, e que tem propriedades químicas semelhantes às do corpo físico do médium, donde provém. É considerada a base dos efeitos mediúnicos chamados físicos, como a materialização ou ectoplasmia, pois através dela os Espíritos podem atuar sobre a matéria.

EFLÚVIO [do latim effluvium] – 1.Emanação invisível e sutil que se desprende de um corpo orgânico; exalação, perfume, aroma. 2. Sinônimo de fluido.

EMANCIPAÇÃO DA ALMA – Estado particular da vida humana durante o qual a alma, desprendendo-se de seus laços materiais, recupera algumas das suas faculdades de Espírito e entra mais facilmente em comunicação com os seres incorpóreos. Esse estado se manifesta principalmente pelo fenômeno dos sonhos, do sonambulismo natural ou magnético e do êxtase. Ver: desdobramento.

ENCARNAÇÃO [do latim incarnatione] – 1. Ato ou efeito de encarnar. 2. Espaço de tempo que o Espírito passa mergulhado num corpo material. Diz-se: Espírito encarnado, em oposição a Espírito errante ou desencarnado. A encarnação pode ocorrer na Terra ou em outro mundo. A rigor, seria apenas o primeiro nascimento, sendo reencarnação os subsequentes.

ENCARNADO [do latim encarnatu] – Que encarnou; Espírito mergulhado na carne; Espírito com corpo físico.

ERRATICIDADE [do francês erraticité] – Estado dos Espíritos desencarnados, durante os intervalos de suas existências corporais. Deixando o corpo físico, a alma reentra no Mundo dos Espíritos, permanecendo um lapso de tempo mais ou menos longo na situação de Espírito errante, até retomar uma nova existência material.

ESCALA ESPÍRITA – A Codificação Espírita revela que os Espíritos não são iguais em saber, em moralidade e em virtudes, podendo ser classificados segundo o grau evolutivo alcançado, que são inúmeros. Apenas para termos uma noção, em *O Livro dos Espíritos* são agrupados nas seguintes classes: 1ª) Espíritos puros; 2ª) superiores; 3ª) de sabedoria (moralidade); 4ª) sábios (ciência); 5ª) benévolos; 6ª) perturbadores ; 7ª) neutros; 8ª) pseudossábios; 9ª) levianos; 10ª) impuros.

ESPIRITISTA [do francês espiritiste] – Aquele que adota a Doutrina dos Espíritos. O termo Espírita, no entanto, por ser mais genérico, é o que se consagrou em língua portuguesa.

ESPÍRITO DE VERDADE – Denominação adotada pelo Espírito superior que coordenou a equipe encarregada da revelação da Doutrina dos Espíritos codificada por Allan Kardec.

ESPÍRITO ERRANTE [do latim errantem] – Espírito que se encontra no Mundo Espiritual, aguardando oportunidade de reencarnar. Ver Erraticidade.

EVANGELHO NO LAR – Momento semanal em que a família se reúne no próprio lar para estudo de páginas do Espiritismo, pautado no Evangelho de Jesus, reflexões sobre a própria conduta com o objetivo de melhorar-se moralmente, orações e fluidificação de água por bons pensamentos. Nos Centros Espíritas há orientações e assistência para instalação e condução desse momento de grande valia para a harmonização familiar.

EVOLUÇÃO [do latim evolutione> do francês évolution] – 1. Ação ou efeito de evoluir. 2. Série de modificações; desenvolvimento gradual e progressivo. 3. Na Biologia, teoria que defende que, através de transformações, as espécies se desenvolveram a partir de um estágio rudimentar e adquiriram as características que as distinguem. 3. Para o Espiritismo, a trajetória do espírito, de sua criação até a perfeição, passando por infinitas reencarnações.

FATALIDADE [do latim fatalitate] – 1.Que tem de ser, irrevogável, inevitável; destino. 2. Tragédia. 3.Sucesso ruinoso. Para o Espiritismo, a única fatalidade da vida material é a morte biológica, com a consequente desencarnação do Espírito. Ver: Livre-arbítrio.

FLUIDO [do latim fluidu] –1. Fluídico. 2. Diz-se das substâncias líquidas ou gasosas. 3. Que corre ou se expande à maneira de um líquido ou gás. 4. As emanações energéticas ou alterações do Fluido Universal, trabalhadas em um processo orgânico ou perispiritual. Ver: Eflúvio, Fluídico, Fluido universal, Fluido vital.

FLUIDO CÓSMICO UNIVERSAL – Elemento primário na formação de toda a matéria; é dele que são derivados todos os elementos conhecidos.

FLUIDO VITAL – Princípio orgânico extraído do fluido universal, com a propriedade de animar todos os seres vivos, e que retorna ao depósito da natureza quando do processo de morte biológica.

FLUIDOTERAPIA [do latim e do grego, respectivamente fluidu + therapia] – Tratamento feito com fluidos: passes, irradiação, água magnetizada.

GRUPO ESPÍRITA – Centro, Casa ou Sociedade Espírita, ou seja, a instituição ou associação dedicada às atividades espíritas.

INCORPORAÇÃO [do latim incorporatione] – 1.Ato ou efeito de incorporar (se). 2. O termo incorporação tem sido aplicado inadequadamente à mediunidade psicofônica, pois não há possibilidade de dois espíritos ocuparem o mesmo corpo. No entanto, alguns teóricos espíritas afirmam que a incorporação se dá quando o espírito, ainda que sob o controle do médium, tem a liberdade de movimentar por completo o corpo deste, o que seria chamado também de psicopraxia. Ver Psicofonia.

INVÓLUCRO [do latim involucru] – 1. Tudo que serve para envolver, cobrir ou revestir. 2. Corpo carnal; envoltório do perispírito e do espírito.

KARDECISMO [Kardec + -ismo] – Termo usado por algumas pessoas para se referirem ao Espiritismo, tomando por base o seu Codificador Allan Kardec. Podem também usar como referência a expressão Espírita Kardecista. Esse termo cada dia mais está em desuso porque ele era usado para o leigo distinguir o Espiritismo de outras crenças e filosofias espiritualistas, mas não é necessário porque não existem dois tipos de Espiritismo, apenas o que foi codificado por Allan Kardec.

LEI DE AÇÃO E REAÇÃO – A toda ação corresponde uma reação: para o espírita, o entendimento deste conceito é que toda ação boa ou ruim feita hoje, resultará em consequência idêntica nesta ou noutra vida para aquele que a praticou. "A cada um será dado de acordo com suas obras." Não existe escapatória ou subterfúgios perante as Leis de Deus. Existe, sim, uma possível abreviação do carma.

MEDIUNIDADE [do latim medium + -idade] – Faculdade que todas as pessoas possuem, umas mais outras menos, de sentirem a influência ou ensejarem a comunicação dos Espíritos. Há vários tipos de mediunidade. Em alguns, essa faculdade é ostensiva e necessita ser disciplinada, educada; em outros, permanece latente, podendo manifestar-se episódica e eventualmente ou nunca. A mediunidade é um dom gratuito, não se deve cobrar por ela em nenhuma circunstância.

MEDIUNISMO [do latim medium + -ismo] – Prática indevida da mediunidade, distante do conhecimento do seu mecanismo e das regras de segurança aconselhadas pelo Espiritismo.

MILAGRE [do latim miraculu] – 1. Algo espantoso, admirável, que causa surpresa. 2. Prodígio, maravilha. 3. Acontecimento inexplicável pelas leis naturais, extraordinário. 4. A ciência espírita, revelando as leis que regem os fenômenos antes inexplicáveis, dá explicação adequada ao que anteriormente se denominava milagre.

MONOTEÍSMO [do grego mónos+theos+-ismo] – Sistema ou doutrina daqueles que admitem a existência de um único Deus.

MOVIMENTO ESPÍRITA – O Movimento Espírita é o conjunto das atividades que têm por objetivo colocar a Doutrina Espírita ao alcance e a serviço de toda a Humanidade, através do seu estudo, da sua prática e da sua divulgação.

MUNDO CORPORAL – 1.Conjunto de seres inteligentes que têm um corpo material. 2. O mundo em que se movimentam os seres encarnados, como a Terra ou outros mundos habitados.

MUNDO ESPIRITUAL ou MUNDO DOS ESPÍRITOS – Conjunto de seres inteligentes despidos de seu invólucro corpóreo. O Mundo Espiritual é o mundo normal, primitivo, preexistente e sobrevivente a tudo. O estado corporal é, para os Espíritos, transitório e passageiro.

OBRAS BÁSICAS DO ESPIRITISMO ou PENTATEUCO ESPÍRITA – São as que compõem a codificação promovida por Allan Kardec dos ensinos dos Espíritos Superiores, denominada de Espiritismo ou Doutrina dos Espíritos: *O Livro dos Espíritos* (1857), *O Livro dos Médiuns* (1861), *O Evangelho Segundo o Espiritismo* (1864), *O Céu e o Inferno* (1865) e *A Gênese* (1868).

OBSESSÃO [do latim obsessione] – 1. Ideia fixa e perturbadora. 2. Domínio que alguns Espíritos logram adquirir sobre certas pessoas. Nunca é praticada senão pelos Espíritos inferiores, que procuram dominar. Os bons Espíritos nenhum constrangimento infligem. Aconselham, combatem a influência dos maus e, se não os ouvem, retiram-se. Os maus, ao contrário, se agarram àqueles de quem podem fazer suas presas. Chegam a dominar, identificam-se com o Espírito deste e o conduzem como se fora verdadeira criança. 3. É classificada em obsessão simples, fascinação e subjugação.

OBSESSOR [do latim obsessore] – Espírito inferior, agente eventual ou cármico da obsessão, encarnado ou desencarnado que, em ação irrefletida ou premeditada, domina, persegue, assedia ou importuna, em virtude da sintonia moral estabelecida. Sinônimo de Obsediante. Ver também: Obsessão.

OBSEDIADO [do latim obsidiare + -do] – Aquele que sofre a influência perniciosa de um Espírito encarnado ou desencarnado.

PALESTRA ou REUNIÃO PÚBLICA – Evento realizado nos Centros Espíritas para explanação curta de temas evangélicos e doutrinários por um palestrante espírita, antecedida e finalizada por preces; há a aplicação de passes aos participantes, geralmente chamados de frequentadores. A periodicidade varia entre uma e várias vezes por semana de acordo com a disponibilidade de espaço, palestrantes e passistas. Algumas são acompanhadas por música ambiente edificante ou apresentações musicais de cunho espírita. Ver Sessão Espírita.

PASSE [do latim passare] – 1. Transfusão de energias psicofísicas alterando o corpo celular. 2. Transmissão de fluidos de uma pessoa, encarnada ou não, a outra. 3. O passe pode ser: a) magnético, quando são transmitidos apenas os fluidos do agente encarnado; b) misto, quando aos primeiros somam-se os fluidos espirituais, pela força da vontade dos Benfeitores Espirituais, c) espiritual, quando não há a intermediação do passista, com os fluidos dos Espíritos sendo transferidos diretamente.

PERISPÍRITO [do latim peri + spiritus] – 1. Invólucro semimaterial do Espírito. Nos encarnados, serve de laço ou intermediário entre o Espírito e a matéria. É retirado do fluido universal do globo em que o Espírito se acha e trocado ao passar de um a outro mundo, sendo mais ou menos sutil ou grosseiro, conforme sua natureza. 2. É nele que reside a identidade do Espírito, tomando a forma determinada pela vontade deste, tanto que ordinariamente assume a imagem que este tinha em sua última existência corporal. 3. Serve de molde, esboço e forma para o corpo físico. 4. Constitui elemento chave de todos os fenômenos mediúnicos. Ver: Modelo organizador biológico.

PICTOGRAFIA [do latim pictu, particípio de pingere +graf (o) + -ia] – Pintura ou desenho feito por Espírito através de médium.

PLURALIDADE DE EXISTÊNCIAS – Conceito espírita que descreve e explica as principais nuances da reencarnação.

PLURALIDADE DOS MUNDOS – Conceito espírita que descreve e explica a pluralidade dos mundos habitados, assim como a escala evolutiva desses, que vai do menos para o mais evoluído, a saber: primitivo; provas e expiações; regeneração; ditosos ou felizes; celestes ou divinos. A Terra que é um mundo de provas e expiações está numa fase de transição para mundo de regeneração

POSSESSÃO [do latim possessione] – Um dos tipos de obsessão, consiste na atuação malévola de um espírito desencarnado sobre o encarnado, com domínio completo dos pensamentos e ações deste.

PRECE [do latim prece] – Oração. Valioso recurso de comunicação entre o ser humano e Deus, Jesus ou a Espiritualidade Maior, como é conhecido o conjunto dos Espíritos superiores que assistem aos encarnados permanentemente. Necessidade fundamental de todo ser humano, é pela prece que encontramos um canal direto com as forças elevadas. É sempre preferível que a prece venha do íntimo, que contenha emoção e fé, que contenha palavras intuitivas, ao invés daquelas maquinalmente recitadas e desprovidas de qualquer emoção. Pela prece podem-se agradecer as graças recebidas, solicitar forças e inspiração para bem conduzir a trajetória evolutiva nos bons e maus momentos da vida.

PRINCÍPIO ESPIRITUAL – Princípio a partir do qual se dá a individualização do Espírito; um dos elementos gerais do Universo em parceria com o Fluido Cósmico Universal.

PRINCÍPIO VITAL – Agente que dá atividade e movimento aos seres vivos e faz com que se distingam da matéria inerte. Sinônimo de fluido magnético.

PROVA [do latim proba] – 1. Uma das formas do Espírito experimentar-se, objetivando seu progresso. São as vicissitudes da vida corporal, pelas quais os Espíritos se purificam segundo a maneira de suportá-las. De acordo com a Doutrina Espírita, o Espírito já com certo grau de lucidez, na erraticidade, reconhecendo sua imperfeição, escolhe, usando de seu livre-arbítrio, o gênero de provas que julga mais próprio ao seu adiantamento e que sofrerá em sua nova existência. Se ele escolhe uma prova acima de suas forças, sucumbe, e seu adiantamento retarda.

PSICOFONIA – Tipo de mediunidade em que os espíritos se comunicam por meio da voz do médium. Utilizada, principalmente, nas sessões de orientação aos encarnados ou processos de desobsessão. A psicofonia não é e não deve ser utilizada para frivolidades, adivinhações ou objetivos reprováveis.

PSICOGRAFIA – Escrita dos espíritos através da utilização da mão de um médium. Grande parte da literatura espírita é produzida por esse meio, assim como mensagens e cartas dirigidas a pessoas ou grupos, quando os Espíritos julgam que é importante. Como a psicofonia, e todos os outros tipos de mediunidade, a psicografia também não é e não deve ser utilizada para frivolidades, adivinhações ou objetivos reprováveis.

REENCARNAÇÃO [do latim re + incarnatione] – 1.Retorno do Espírito à vida corpórea, em um novo corpo especialmente formado para ele. 2. Nascer novamente no mundo corporal. É a Lei que proporciona ao espírito a sua própria evolução, e todo espírito está subordinado a essa Lei. Todos os espíritos são criados iguais como centelhas divinas, mas cada um segue sua trajetória individual, reiniciada a cada reencarnação que se dá quando o espírito é submetido ao processo de gestação e nascimento biológico.

REFORMA ÍNTIMA – É mudança comportamental, substituindo a indiferença, os maus hábitos e as atitudes negativas pelas virtudes, conforme as leis morais cristãs; ou seja, o esforço permanente da pessoa para se renovar moralmente e dominar as más inclinações.

SESSÃO ESPÍRITA ou REUNIÃO ESPÍRITA – É a reunião de pessoas na Casa Espírita, com o objetivo do estudo e da prática da Doutrina dos Espíritos. Pode ser pública, como as sessões doutrinárias e de passes, ou privada, como as mediúnicas de orientações dos Espíritos, de desobsessão ou de educação e desenvolvimento da mediunidade.

SONHO [do latim somniu] – Efeito da emancipação da alma durante o sono. Quando os sentidos ficam entorpecidos, os laços que unem o corpo e a alma se afrouxam. Esta, tornando-se mais livre, recupera em parte suas faculdades de Espírito e entra mais facilmente em comunicação com os seres do mundo incorpóreo. A recordação que ela conserva ao despertar, do que viu em outros lugares e em outros mundos, ou em suas existências passadas, constitui o sonho propriamente dito. Há quem recorde nitidamente do que sonhou porém esta recordação geralmente é apenas parcial, quase sempre incompleta e entremeada com recordações da vigília. Por esta razão os sonhos parecem estranhos, mais ou menos sem sentido, semelhante ao que ocorre com uma narração em que faltassem ou fossem truncadas as frases.

TERREIRO [do latim terrariu] – 1. Relativo a térreo, terrestre. 2. Local de culto do sincretismo afro-brasileiro onde são realizados seus rituais. Embora mereça respeito como todas as religiões no mundo, não pode ser confundido com Centro Espírita, pois as atividades de um e de outro são completamente diferentes, assim como são diferentes entre si os locais de culto do catolicismo, protestantismo, budismo e assim por diante.

UMBRAL [do espanhol umbral] – 1. Limiar, entrada. 2. Conforme informação do Espírito André Luiz, uma das regiões inferiores do Mundo Espiritual em que se agregam por sintonia mentes ainda em descompasso com o bem. Também chamado de Trevas. Ver: Crosta.

UMBANDA [do quimbundo ma'kûba] – 1. Sincretismo religioso afro-brasileiro, derivado do candomblé, que recebeu influências de religiões africanas, de religiões indígenas brasileiras e do Catolicismo. Por desconhecimento ou com o objetivo de ferir a liberdade de expressão religiosa, adversários do Espiritismo muitas vezes tentaram associar o Espiritismo à Umbanda ou ao Candomblé, os quais, só têm em comum, o contato mediúnico com Espíritos desencarnados. As três são respeitáveis como todas as religiões do mundo mas não devem ser confundidas.

VIDENTE [do latim vidente] – 1. Pessoa que vê, em oposição a cego. 2. Para a Doutrina Espírita, é o médium que possui a faculdade da vidência.

XENOGLOSSIA [do grego xénon + glôss (a) + -ia] – Faculdade de falar ou escrever línguas estranhas ao próprio médium. Muito rara.

Livros Consultados

Allan Kardec: FEB. O Livro dos Espíritos; O Livro dos Médiuns; O Evangelho Segundo o Espiritismo; O Céu e o Inferno; A Gênese; Obras Póstumas; O que é o Espiritismo; Coleção Revista Espírita, especialmente as edições: Julho e Dezembro de 1863; Abril e Outubro de 1866;

André Luiz: (Espírito). Psicografia de Francisco Cândido Xavier e Waldo Vieira. FEB.

Coleção A Vida no Mundo Espiritual, psicografada na seguinte ordem: Nosso Lar; Os mensageiros; Missionários da Luz; Obreiros da vida eterna; No Mundo Maior; Libertação; Entre a Terra e o Céu; Nos Domínios da mediunidade; Ação e Reação; Evolução em dois mundos; Mecanismos da Mediunidade; Sexo e Destino; E a vida continua.

Arthur Conan Doyle: PENSAMENTO. História do Espiritismo.

Aureliano Alves Neto: EDICEL. O Espiritismo explica.

Bíblia de Jerusalém: Antigo Testamento. Livros: 1 Samuel; Isaías; Jeremias. PAULUS (para Novo Testamento ver referência própria nesta lista).

Cairbar Schutel: O CLARIM. O Espiritismo do Cristianismo; Parábolas e Ensinos de Jesus; Vida e Atos dos Apóstolos.

Camilo Rodrigues Chaves: FEB. Semíramis.

Carlos Imbassahy: FEB. O Espiritismo à luz dos fatos.

Deolindo Amorim: ALIANÇA. Espiritismo e Criminologia; Kardec, o Educador e o Codificador; O Espiritismo e os Problemas Humanos.

Emmanuel: (Espírito). Psicografia de Francisco Cândido Xavier. FEB: 50 Anos Depois; Ave Cristo; Emmanuel: Dissertações mediúnicas sobre importantes questões que preocupam a humanidade; Há 2000 Anos; O Consolador; Paulo e Estevão; Pensamento e Vida; Renúncia; Viajor. Psicografia de Francisco Cândido Xavier. IDE.

Espíritos diversos: FEB. Parnaso de Além-Túmulo. Psicografia de Francisco Cândido Xavier (primeiro livro do médium).

Francisco Candido Xavier: FEESP. Dos hippies aos problemas do mundo.

Gabriel Delanne: AUCHT/AMAZON: A Alma é Imortal; A Reencarnação; O Fenômeno Espírita.

Haroldo Dutra Dias: FEB. O Novo Testamento. (Tradução de Haroldo Dutra Dias); INTELÍTERA. Despertar – O segredo da reforma íntima.

Hermínio Corrêa de Miranda: FEB. As Várias Faces da Mediunidade; Diálogo com as Sombras; Nossos Filhos são Espíritos; Reencarnação no Brasil; Sobrevivência e Comunicabilidade dos Espíritos.

Hernani Guimarães Andrade: O CLARIM: Evolução e Psi Quântico; Morte, Renascimento; Reencarnação no Brasil.

Humberto de Campos/ Irmão X: (Espírito). Psicografia de Francisco Cândido Xavier. FEB. Brasil, Coração do Mundo, Pátria do Evangelho; Cartas e Crônicas.

Ian Stevenson: VIDA E CONSCIÊNCIA. *20 Casos de Reencarnação*.

Irvênia Prada, Décio Iandoli Júnior e Sérgio Lopes: AME Brasil; O Cérebro Triúno.

Joanna de Ângelis: (Espírito). Psicografia de Divaldo Pereira Franco. LEAL; Série Psicológica de Joanna de Ângelis especialmente: Momentos de saúde e consciência; Psicologia da Gratidão.

João Teixeira de Paula: BELS. Dicionário enciclopédico ilustrado.

José Herculano Pires: PAIDEIA/CORREIO FRATERNO. Mediunidade (Vida e Comunicação); O Espírito e o Tempo; Os Filósofos; Revisão do Cristianismo; Visão Espírita da Bíblia.

Léon Denis: FEB. Cristianismo e Espiritismo; Depois da Morte; O Grande Enigma; O Problema do Ser, do Destino e da Dor; No Invisível.

Manoel Philomeno de Miranda: (Espírito). Psicografia de Divaldo Pereira Franco. LEAL. Dramas da Obsessão; Nos Bastidores da Obsessão; Tramas do Destino; Platão; A República (Mito do O Anel de Giges). DOMÍNIO PÚBLICO.

Marlene Nobre: F. E. EDITORA. A Obsessão e Suas Máscaras; Lições de Sabedoria – Chico Xavier nos 30 anos do Nosso Lar.

Raul Teixeira: FRÁTER. Desafios da Mediunidade; Nos domínios da Mediunidade.

Rino Curti: LAKE. O passe: imposição de mãos.

Suely Caldas Schubert: LEAL. O semeador de estrelas.

Wenefledo de Toledo: PENSAMENTO. Passes e Curas Espirituais.

Yvonne do Amaral Pereira. FEB. Amor e Ódio; Nas Voragens do Pecado; O Drama da Bretanha.

Zalmino Zimmermann: EDITORA ALLAN KARDEC. Perispírito.

Zeus Wantuil: FEB. As Mesas Girantes e o Espiritismo; Grandes Espíritas do Brasil: 53 biografias.

Links com conteúdo abordado no livro e mais:

https://www.febnet.org.br/wp-content/uploads/2012/06/Irmas-Fox.pdf
https://nypost.com/2023/05/27/why-gen-z-is-more-spiritual-and-religious-than-millennials/
https://www.springtideresearch.org/product/the-state-of-religion-young-people-2022-mental-health
https://www.hermeneutica.com/estudos/1samuel28-01/
https://filosofianaescola.com/metafisica/teoria-das-ideias/
https://kardecpedia.com/roteiro-de-estudos/897/revista-espirita-jornal-de-estudos-psicologicos-1863/5492/outubro/reacao-das-ideias-espiritualistas
https://www.christianitytoday.com/news/2023/july/ipsos-global-religion-survey-boomer-gen-z-belief.html
https://noticias.adventistas.org/pt/o-que-a-biblia-diz-sobre-comunicacao-com-mortos/
https://muraldoparana.com.br/espiritismo-judaico-existe-nao-e-ficcao/
chrome-extension://efaidnbmnnnibpcajpcglclefindmkaj/https://www.feluzecaridade.net/download/Visao_Espirita_da_Biblia.pdf

Alguns filmes espíritas sugeridos (há outros)

Chico Xavier, o Filme. Direção de Daniel Filho. 2010.
Divaldo, o Mensageiro da Paz. Direção de Clovis Mello. 2019.
Kardec. Direção de Wagner de Assis. 2019.
Nosso Lar. Direção de Wagner de Assis. 2010.
Nosso Lar 2: Os mensageiros. Direção de Wagner de Assis. 2024.
O Predestinado. Direção Michael Spierig, Peter Spierig. 2014.

Agradecimentos

À minha família, Catarina e Luiza, pelo tempo que precisei ficar isolado pesquisando, escrevendo e refletindo ao longo de três anos.

Aos amigos Jether Jacomini, Julio Senna e Ivana Raisky pela contribuição na leitura crítica e generosa.

Aos voluntários da Biblioteca do Grupo Espírita Casa do Caminho por toda gentileza em atender todas as solicitações para a pesquisa deste livro.

Ao amigo Luiz Mário Costa, que me disse que eu já estava pronto para o trabalho aos 15 anos de idade, quando eu ainda era um garoto cabeludo e rebelde, e me ensinou o valor do serviço na Seara do Mestre. Tenho certeza que ele ainda me ajuda e me guiou nessa obra com sua sabedoria e simplicidade lá do outro lado da vida.

ESPIRITISMO
COMECE POR AQUI

Editores: *Luiz Saegusa e Claudia Zaneti Saegusa*
Direção Editorial: *Claudia Zaneti Saegusa*
Capa: *Luiz Saegusa e Mauro Bufano*
Projeto Gráfico e Diagramação: *Mauro Bufano*
Revisão: *Fátima Salvo*
1ª Edição: *2024*
Impressão: *Lis Gráfica e Editora*
Copyright© Intelítera Editora

Obrigado por comprar uma cópia autorizada deste livro e por cumprir a lei de direitos autorais não reproduzindo ou escaneando este livro sem a permissão.

Dados Internacionais de Catalogação na Publicação (CIP)
(Câmara Brasileira do Livro, SP, Brasil)

Ribeiro Jaime
  Espiritismo comece por aqui : espiritismo cristão para iniciantes / Jaime Ribeiro -- 1. ed. -- São Paulo : Intelítera Editora, 2024.

  Bibliografia
  ISBN: 978-65-5679-058-9

  1. Espiritismo - Doutrinas 2. Espiritismo - Estudo e ensino 3. Kardec, Allan, 1804-1869. O Evangelho segundo o espiritismo 4. Mediunidade - Doutrina espírita 5. Reencarnação - Espiritismo 6. Psicografia I. Título.

24-217442   CDD-133.907
Índices para catálogo sistemático:
1. Espiritismo : Estudo e ensino   133.907
Aline Graziele Benitez - Bibliotecária - CRB-1/3129

Intelítera Editora
Rua Lucrécia Maciel, 39 - Vila Guarani
CEP 04314-130 - São Paulo - SP
(11) 2369-5377 - 📞 (11) 93235-5505
intelitera.com.br - facebook.com/intelitera

Para receber informações sobre nossos lançamentos, títulos e autores, bem como enviar seus comentários, utilize nossas mídias:

🌐 intelitera.com.br
✉ atendimento@intelitera.com.br
▶ youtube.com/inteliteraeditora
📷 instagram.com/intelitera
f facebook.com/intelitera

Redes sociais do autor:

in linkedin.com/in/jaimeribeiro/
📷 instagram.com/jaimeribeiro/

Conheça outros livros da editora:

Esta edição foi impressa pela Lis Gráfica e Editora no formato 140 x 210mm. Os papéis utilizados foram Chambril Avena 80g/m² para o miolo e o papel Cartão Ningbo Fold 250g/m² para a capa. O texto principal foi composto com a fonte EB Garamond 12/15,5 e os títulos com a fonte EB Garamond 22/30.